CLC 예배학 시리즈 ㉑ 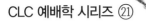 깊은 신학 시리즈 ②

활기차면서도
경건한
예배 만들기

깊은 예배

토마스 G. 롱 지음
임 대 웅 옮김

기독교문서선교회

기독교문서선교회(Christian Literature Center: 약칭 CLC)는
1941년 영국 콜체스터에서 켄 아담스에 의해 시작되었으며 국제 본부는
미국 필라델피아에 있습니다.

국제 CLC는 59개 나라에서 180개의 본부를 두고, 약 650여 명의 선교사
들이 이동도서차량 40대를 이용하여 문서 보급에 힘쓰고 있으며 이메일
주문을 통해 130여 국으로 책을 공급하고 있습니다.

한국 CLC는 청교도적 복음주의 신학과 신앙서적을 출판하는 문서선교
기관으로서, 한 영혼이라도 구원되길 소망하면서 주님이 오시는 그날까지
최선을 다할 것입니다.

Beyond the Worship Wars: Building Vital and Faithful Worship

Written by
Thomas G. Long

Translated by
Daewung Lim

추천사 1

한 진 환 박사
전 고려신학대학원 예배학 교수
현 서울서문교회 담임목사

교회 공동체의 신앙과 신학은 예배 행위 속에 농축되어 있다. 교회는 예배를 통해 자신의 본질을 형성하고 본질을 의식하고 본질을 고백한다. 예배가 곧 교회의 현현(epiphany)이다. 예배학자 폰 알멘(J-J von Allmen)도 "예배를 통해 교회가 교회 된다"라고 했다. 칼 바르트는 "하나님을 예배하기 위해 모이는 것이야말로 신앙의 전 여정에 있어서 핵심이며, 전제이며, 그 여정을 가능케 하는 환경이다"라고 했다.

그런 맥락에서 볼 때 한국 교회를 관찰한 구미 예배학자들이 "한국 교회에는 집회가 있을 뿐 예배는 없다"라고 진단하는 것은 충격이다. 우리는 그들의 정적인 예전으로 치장된 예배를 "영이 없는 의식은 죽은 것"이라고 비판할 수 있을 것이다. 본서의 원서 제목, 즉 *Beyond the Worship Wars: Building Vital and Faithful Worship*처럼 가히 "예배 전쟁"(worship Wars)이라고 할 수 있다.

예배처럼 다변화된 전선을 가진 전쟁도 없을 것이다. 전통적 예배와 현대적 예배, 말씀 중심의 예배와 성례전 중심의 예배, 역사적 전승의 예배와 토착화된 예배, 하나님 중심의 예배와 열린 예배 같은 기능적 예배 등등, 전선은

끝이 없다. 어쩌면 이 전쟁은 개 교회 목회자의 소견과 취향에 따라 무분별하게 이루어지는 각개전투라고 해도 좋을 것이다.

답이 없을까?

예배의 본질은 그리스도의 구속 사건을 중심으로 한 하나님과 우리 사이의 대화이다. 예배는 그리스도의 성육신, 십자가, 부활, 승천, 재림의 역사적 사건을 재현하는 것이다. 그 구속의 역사를 기억하고, 칭송하고, 감사함으로써 과거에 있던 구원의 은총을 지금 여기서 재차 새롭게 경험하는 것이다. 예배를 통해 구원사가 반복되며, 그 가운데 '지금 여기'를 찾아오시는 하나님을 만나는 것이 참된 예배이다.

토마스 롱(Thomas G. Long) 박사는 그와 같은 예배의 본질을 우직하게 추구할 때 새로운 제3의 길을 모색할 수 있다는 믿음으로 본서를 썼다. 예배 전쟁을 넘어서기 위해 대세나 교회 성장의 관점에서 출발하지 않고 집요하게 본질을 추구한다는 데 본서의 강점이 있다. 예배의 분위기, 예배 순서, 음악, 예배 공간, 예배와 전도 등 실제적 문제에 대한 전쟁의 양상을 다루고 그에 대한 해결책을 모색하는 것도 독자에게는 큰 도움이 될 것이다.

무엇보다 저자가 예배 전쟁의 긴 터널을 빠져나와 활기차고 경건한 제3의 예배를 드리고 있는 20여 개의 교회를 직접 방문하여 그 교회의 예배의 특징을 소개하는 것은 우리에게 큰 기회요 도전이기도 하다. 본서는 예배 전쟁으로 고민하는 사람들에게 영감을 던져 주기에 부족함이 없다.

추천사 2

김 선 일 박사
웨스트민스터신학대학원대학교 실천신학 교수

예배는 기독교 삶의 중심이다. 하나님은 예배하는 자를 찾으신다(요 4:23). 하나님을 예배하러 나아가는 시간은 감사와 기쁨으로 충만해야 한다(시 100편). 신자는 예배에서 하나님의 임재를 맛보며, 자신을 돌아보면서 죄 용서의 은총을 경험하고, 말씀으로 신령한 힘을 얻어 삶으로 들어간다. 믿는 자가 예배하는 것이 아니라, 예배가 믿는 자를 만들어 내는 것이다.

본서는 한국 교회의 목회자에게는 예배 인도를 위한 신학과 구체적인 노하우를, 신자에게는 예배의 감동적 원리를 깨우치는 선물이 될 것이다. 저명한 설교학자이자, 명설교자인 저자 토마스 롱(Thomas G. Long) 박사의 교회와 예배에 대한 현실적이고 애정 어린 가이드이기에 대단히 기대하고 신뢰할 만하다.

저자는 전통적이고 비공개적이며 예전 중심적인 예배의 흐름을 히폴리투스 군단이라고 하고, 현대적이고 공개적이며 문화적 감각을 지닌 예배의 흐름을 윌로우크릭 군단이라고 익살스럽게 명명하면서 본서에서 제3의 길을 모색하겠다고 한다. 기독교 예배의 고유함을 견지하면서도 현대인에게 의미

있고 매력적으로 다가설 수 있는 예배를 말한다.

본서를 읽다 보면 활기찬 예배를 위해 제안하는 저자의 서술과 표현에서 창의성과 발랄함을 즐기게 된다. 예배가 동네 소극장과 같아야 한다는 주장은 언뜻 위험하고 세속적인 타협의 발상처럼 들리지만, 하나님의 이야기인 성경과 그 이야기를 드라마로 보여 줘야 하는 교회와 예배의 사명을 재치 있게 담아낸 표현이다. 이렇듯 저자의 책은 풍부한 예화와 사례로 읽는 즐거움을 선사한다. 하지만 저자가 독자를 끌어가는 결론과 환기시키는 교훈은 진지하고 실제적이다.

매년 새해 목회 설계를 할 때마다 가장 많은 관심의 초점은 예배로 모아진다. 교회의 생명력은 활기찬 예배의 회복에 있다 해도 과언이 아니다. 본서는 그 중대한 책임과 사명에 목회자와 교인이 함께 참여하도록 돕는 유익하고 반가운 안내자가 될 것이다.

추천사 3

문 화 랑 박사

고려신학대학원 예배학 교수

"드디어 번역되었구나!" 본서의 추천사를 부탁받았을 때 무의식중에 나
의 입에서 나온 첫 마디였다. 본서는 북미의 저명한 설교학자인 토마스 롱
(Thomas G. Long) 박사에 의해 2001년 발표되어 지금까지도 호평을 받고 있
다. 진작 번역되어 한국에 소개되었어야 한다고 생각이 들만큼 귀한 인사이
트를 담고 있기 때문이다.

토마스 롱 박사는 영문 제목, 즉 *Beyond the Worship Wars: Building Vi-
tal and Faithful Worship*처럼 현대의 교회가 처한 예배의 상황을 "예배 전
쟁"(worship wars)으로 진단한다.

사실 예배의 역사를 되돌아보면, 1900년대 이후로 오순절 전통에 기반을
둔 "경배와 찬양"(Praise and Worship)이 현대 예배에 큰 영향을 주었다. 1960
년대 이후 제2차 바티칸 공의회를 기점으로 "예전 운동"(Liurgical Movement)
이 일어났고, 초교파적으로 "예전적 예배"(liturgical worship)에 대한 관심이 일
어났다.

이런 상황 속에서 지역 교회들은 어른 세대와 젊은 세대 사이에 예배와 문

화에 관한 세대 간의 격차(generational gap)를 경험하게 된다. 결국 한 교회 안에서 시간을 달리해 전통적 예배, 현대적 예배로 나누어지는 일들이 일어나게 되었다.

이런 혼돈의 현실 속에서 토마스 롱은 여러 교회의 예배를 관찰하며 예배형태에 있어서의 약점과 강점을 분석하고 우리의 예배는 어떤 길로 나아가야 할지에 대한 신학적 숙고(theological reflection)를 제시한다.

본서는 귀한 통찰을 담고 있지만 무겁거나 따분하지 않고 실제적이며 가독성이 높다. 예배 인도를 준비하는 교역자, 신학생뿐 아니라 예배에 관심있는 성도들도 충분히 이해하고 소화할 수 있다. 예배의 활력과 생기를 찾기를 소망하는 모든 분에게 일독을 권한다.

감사의 글

토마스 G. 롱 박사
Emory University 설교학 교수

본서를 위한 조사와 집필은 얼반연구소(Alban Institute)에서 운영하는 릴리사(Lilly Endowment Inc.)의 큰 호의로 가능했다. 매릴랜드(Maryland) 베데스다(Bethesda)에 위치한 얼반연구소는 에큐메니컬적인 초교파 단체로서 종교 단체의 삶과 사역을 후원한다. 릴리와 얼반으로부터 받은 호의에 깊은 감사를 드리면서, 이 여정 내내 함께 해 주었던 얼반의 몇몇 동료에게 특별한 감사를 드리고 싶다.

얼반연구소 소장 제임스 윈드(James P. Wind)는 좋은 친구이자 건전한 신학적 대화를 위한 훌륭한 동료였다. 연구자원개발(Research and resource development) 책임자인 이안 에비슨(Ian Evison)은 현장 조사를 위한 조사원을 제공해 주어 작업을 빨리 마칠 수 있도록 해 주었다. 얼반연구소의 선임 자문위원인 테리 폴란드(Terry E Foland), 스티드 레아스(Speed B Leas), 앨리스 만(Alice Mann), 로이 오스왈드(Roy M. Oswald), 길버트 렌들(Gilbert R. Rendle), 그리고 에드워드 화이트(Edward A. White)는 중요한 순간마다 뛰어난 조언을 해 주었고, 편집자 데이빗 로트(David Lott)는 본서가 출판될 때까지 늘 격려를 아끼지 않았다.

베스 안 게데(Beth Ann Gaede)는 능숙한 솜씨로 인내하며 편집을 도왔다. 그녀는 숙련된 작가이며, 헤매고 있는 형용사, 고집스러운 표현, 답이 없는 논쟁 등 까다로운 글을 다루는 분야에 전문가다. 본서에서 잘못된 견해와 안좋은 문장 구조를 발견하거든 작가의 고집스러움이라 여기고, 그런 곳마다 베스가 "그럴 줄 알았어요"라고 말한 줄 아시라.

조사를 도운 에이미 본(Amy S. Vaughn)은 특별히 참고도서 작업에 큰 도움을 주었다.

무엇보다, 본서에서 "활기차면서도 경건"하다고 묘사된 교회에게 감사를 전하고 싶다. (독자에 따라 몇몇 교회를 추측할 수도 있겠지만) 나는 이 교회들의 이름을 밝히지 않기로 결정했다. 왜냐하면 이들 모두는 살아서 성장하고 섬기며 변화하는 공동체이지 예배연구소가 아니기 때문이다.

그들에게서 오늘날의 변화의 물결 가운데에서도 대담하고 창의적인 반응을 통하여 진정한 예배의 궤도를 유지하여, 어떻게 예배를 진리 가운데 머물게 할 수 있는지 많이 배웠다. 하지만 이러한 식견이 지니는 가치라고 해도 이 교회들의 예배에서 직접 경험했던 감동과 기쁨에는 비할 바 못 된다. 시간이 지나 본서의 내용은 잊혀지더라도, 나는 계속해서 그들과 함께 찬양과 감사함으로 모였던 감격을 잊지 못할 것이다.

저자 서문

토마스 G. 롱 박사

Emory University 설교학 교수

오래 전 어버이날이었다. 형과 나는 좀 더 특별하게 이 날을 축하하기 위해 아침 식사를 침대로 갖다드려 부모님을 깜짝 놀라게 해 드리기로 했다.

우리는 당시 요리라고는 전혀 경험이 없는 어린아이들이었으니, 스크램블 에그를 만들고, 베이컨을 굽고, 비스킷 통조림을 따는 것이 얼마나 어려웠겠는가?

방문을 노크한 뒤 오렌지 주스 두 잔, 방금 꺾어온 장미, 신문을 가져다드리며 "어버이날을 축하드려요!"라고 즐겁게 소리쳤다. 부모님에게는 침대에서 편안히 신문이나 읽고 계시라고 했다. 이제 아침 식사가 한창 준비되는 중이었다. 부모님은 이 놀이에 기꺼이 동참해 주셨다. 침대에서 차분히 신문을 넘겨 보시면서 부엌에서 들려오는 유리잔 깨지는 소리나 기름에 붙은 불을 끄는 소리는 못 듣는 척 하셨다.

시간이 되어 형과 나는 덜 익은 계란, 타버린 베이컨, 그리고 형체를 알아볼 수 없게 된 비스킷을 들고 의기양양하게 방으로 들어갔다. 부모님은 아주 맛나게 드시면서 여태껏 먹어본 아침 식사 중 최고라고 하셨다.

사랑, 그것이 바로 최고의 양념이다.

본서의 집필을 준비하면서 나는 그 옛날의 아침 식사를 떠올리곤 했다. 본서는 탁월한 예배에 관한 책으로서 높은 수준의 열정, 활력, 의미를 예배에 담아냄으로써 이를 이뤄낸 교회들에 관한 내용을 담고 있다. 우리는 이러한 교회에서 예배 혁신에 관해서 뿐만 아니라 어떻게 예배를 기획하고 봉사할 수 있는지도 배울 수 있다. 하지만, 아무리 그리스도인이 최선을 다해 예배한다 하더라도 그것은 어버이날 준비했던 아침 식사 같은 것에 불과하다는 사실을 늘 기억해야 한다. 그리스도인들은 모두 부엌에 있는 어린아이 같다. 사랑을 가지고 하지만 기도는 너무 타버리고, 설교는 설익었으며, 그분을 높인다고 하면서 망치고 넘어지고 마는 아마추어일 뿐이다.

애니 딜라드(Annie Dillard[1945-]: 미국 작가 - 역주)도 예배자들을 어린아이에 비유한다. 그런데 그녀는 좀 더 위험한 의미를 담아 이 이미지를 사용한다. 딜라드는 우리가 "화학 물질을 한 다발의 폭약과 섞으며 놀고 있는 어린아이들처럼 주일 아침을 날려 버릴 것" 같다고 말한다.[1]

그녀의 말이 맞다.

예배자들은 스스로가 거대한 심연의 끝에 서 있다는 사실을 늘 망각한다. "주님, 당신의 임재를 원합니다"라고 기도하면서도 그게 무슨 말인지 생각하지 않는 것이다. 우리가 아무 생각 없이 이 분을 소환하지만 이분은 무에서 만물을 창조하시고, 달과 별을 노래하게 하시며, 나라를 망하게도 하시고, 폭군의 무릎을 꿇게 하시며, 땅의 기초를 흔드시고, 단 한 마디로 세상을 사라지게도 하실 수 있는 분이시다. 하나님께서 모세에게 말씀하셨다.

---

1   Annie Dillard, *Teaching a Stone talk* (New York: HarperCollins, 1982), 58.

가까이 오지 말라 네가 선 곳은 거룩한 땅이니 네 발에서 신을 벗으라

(출 3:5).

그러나 우리는 그 거룩한 장소에 아무 거리낌 없이 들어가서 연예인이나
스포츠 얘기로 재잘거린다.

> 예배 안내 위원은 구명 장비와 신호탄을 나눠 주면서 사람을 인도해야 한
> 다. 왜냐하면 잠자고 계시는 하나님이 어느 날 깨어나 분노하실지 모르기
> 때문이다.[2]

성공회 사제인 플래밍 러틀리지(Fleming Rutledge[1937-])도 이에 동의한
다. 러틀리지의 뛰어난 설교 중 하나는 이런 내용이다.

> 이전 세대는 "하나님을 두려워하라"는 말을 우리보다 더 많이 했습니다. 그
> 들은 하나님께서 자비로우시면서 동시에 두려운 존재이시고, 위협적이지만
> 동시에 은혜로운 분이심을 알고 있었습니다. 하나님의 공포스럽도록 강력한
> 능력만이 악을 이길 만큼 충분히 강합니다. 그것이 바로 성경이 우리에게 말
> 씀하시는 하나님이십니다. 구약성경에서 하나님의 나타나심은 언제나 공포
> 를 불러왔습니다. 때문에 천사들은 언제나 "두려워 말라"고 했던 것입니다.[3]

---

2   Ibid., 58.
3   Fleming Rutledge, *Help My Unbelief* (Grand Rapids: Eerdmans, 2000), 193.

그런데, 천사들은 분명히 두려워 "말라"고 했다. 사실 마태복음에서도 예수님이 부활하신 후 천사들이 사람들에게 했던 첫 번째 말도 "무서워하지 말라"(마 28:5)였다.

무서워하지 말라!

이 말보다 복음을 잘 요약한 말을 찾기는 어려울 것이다. 하나님이 무서워하지 않아도 될 만큼 약해서가 아니라, 강하고 전능하신 하나님께서 우리를 **대적**하시지 않고 **선택**하셨기 때문에 무서워하지 않을 수 있다.

두려워 말라!

왜냐하면 시공간을 넘어 존재하시는 분이 우리의 시공간 안으로 들어오기로 작정하셨기 때문이다. 그분은 제멋대로인 우리를 향해 탕자의 아버지처럼 달려오셔서 집으로 들이셔서 반지, 좋은 옷, 신발과 더불어 기쁨의 잔치를 베푸신다. 사도 바울은 말한다.

우리는 그분의 자녀입니다(롬 8:16-17).

두려워 말라!

그래서, 우리는 서투르게 요리되었지만 사랑을 담아 준비한 예전(liturgy)이라는 아침 식사를 가지고 경배하며 성소에 들어간다. 메뉴판에는 깊이 없는 기도, 가까스로 준비된 설교, 쭈뼛거리며 부르는 찬양, 어색하게 봉독된 말씀이 있다. 그런데 거기에 하나님이 계신다. 참을성 있게 양념을 가지고 기다리는 부모님처럼 은혜와 애정을 가지고 우리가 드리는 번제를 받기 위해 기다리는 하나님이 계신다.

지미 카터(Jimmy Carter)는 미국 대통령 선거 유세를 하고 있을 때도 그가

해 오던 대로 거의 매 주일 그의 고향인 조지아주 플래인스(Plains)에 있는 작은 교회에서 예배를 드렸다. 어느 주일, 그가 막 예배를 마치고 나오는데 한 무리의 기자들이 교회 앞 잔디밭에서 그를 기다리고 있었다. 그들은 일반적인 정치적 질문을 해 댔는데, 갑자기 한 기자가 그 장소에 어울릴 아주 특별한 질문을 했다.

"만약 당신이 대통령이 된다면, 미국의 헌법과 하나님의 법이 상충될 때 무엇을 따르시겠습니까?"

카터는 햇살을 맞으면서 잠시 침묵한 채 서 있었다. 카메라는 계속 돌아가고 있었고, 기자들은 수첩에 펜을 댄 채 엄청난 기대를 가지고 그의 대답을 기다리고 있었다.

"하나님의 법이요."

카터가 말했다.

"나는 하나님의 법에 순종하겠습니다."

정치적인 면에서 어리석은 대답이었다. 한 나라의 대통령은 국가의 법률을 지지하고 수호하기로 맹세한다. 그런데 이 작은 교회 안에서 무슨 일이 있었는지 카터는 언론을 향해 헌법보다 더 하나님의 법에 충성하겠다고 선포한 것이다. 일국의 수장이 되고자 하는 사람은 그런 말을 해서는 안 된다. 참모들은 아마도 자기 후보가 잠깐 정신이 나간 것은 아닌가 생각하며 속으로 한숨을 내쉬었을지도 모른다.

어찌보면 카터는 정신이 나갔었던 게 맞다. 하지만 정신이 이상하게 된 것은 아니었다. 주일 아침 플래인스에 있는 합판으로 만들어진 조그마한 건물에서 그의 정신과 생각이 자신의 한계를 넘는 새롭고 놀라운 세계를 맛본 것이다. 그는 막 예배를 마치고 나왔는데, 찰스 웨슬리(Charles Wesley)의 찬송처럼 거기서 "경이와 사랑, 그리고 찬양에 빠졌"[4]거나, 혹은 노년의 사도 요한이 요한계시록에 기록했듯이 "주의 날에 … 성령에 감동"(계 1:10)되었던 것이다. 하나님의 집에 있는 사랑스러운 자녀로서 그는 자신의 헌신과 충성이 궁극적으로 어디에 있어야 하는지를 분명히 했다.

본서에는 예배의 세부사항과 관련하여 많은 논의가 등장한다. 우리는 음악과 드라마, 주보와 광고, 건축과 무용, 언어와 상징, 기획자와 인도자에 대해 다루게 된다. 중요한 요소들이지만, 우리는 이것들을 "부엌일" 정도로 생각해야 한다. 예배에 있어 진리의 순간은 우리가 작은 접시를 든 채 기름지고 연기가 자욱한 주방을 나와 경배하면서 하나님의 임재 안으로 들어가는 그때다.

거기서 우리는 하나님께서 우리의 부족한 떡과 물고기를 기쁨의 축제로 바꾸시고 우리를 그분의 진정한 자녀로 편안하게 맞아주시는 것을 경험하게 된다. 우리의 삶은 염려와 불안이 가득하지만, 거기서는 세상에 속한 마음을 잊게 된다. 인생에서는 자주 좌절을 경험하지만 결국엔 우리를 택하신 그분에 의해 일어서게 될 것을 확신한다.

"경이와 사랑과 찬양"에 빠져 자기 자신을 망각하게 된다.

---

4   찰스 웨슬리의 찬송가 "하나님의 크신 사랑"(Love Divine, All Loves Excelling)에서 인용.

역자 서문

임대웅 박사
서울 서문교회 대학부 담당목사

본서 『깊은 예배』의 원제는 *Beyond the Worship Wars*, 즉 "예배 전쟁을 넘어서"이다.

예배라는 거룩하고 평화스러운 말에 웬 전쟁인가?

예배는 하나님과 원수된 우리가 그분과 화해하기 위해 샬롬의 제단을 쌓는 장소이며, 평화의 왕으로 이 땅에 오신 예수 그리스도의 살과 피를 나누며 그분을 기억하는 순간이니, 전쟁이라는 살벌한 용어와 예배는 잘 어울리지 않는 단어의 조합인 듯 보인다.

그런데 기억해 보면 달달한 가사와 감미로운 멜로디로 우리의 마음을 달래 주는 발라드라는 장르에도 예전에 "전쟁 같은 사랑"이라는 강렬한 가사를 가진 노래가 공전의 히트를 친 적이 있지 않았는가.

제대로 된 아름다운 사랑도 때로는 전쟁이라는 수식어를 필요로 한다면, 예배의 본질을 제대로 이해하고 참되고 바른 예배를 하기 위해서 전쟁이라는 과격한 용어의 사용도 불사하겠다는 마음으로 이 두 단어의 조합을 이해해 보기로 하자.

한국 교회에서 "예배 전쟁"이라는 말이 흔하게 사용되는 용어는 아니다. 예배학자 사이에서나 인용될 뿐, 성도들은 "예배 전쟁"하면 그것이 무엇을 의미하고자 만들어진 용어인지 잘 알지 못한다.

용어 자체의 사용 빈도는 적지만, 사실 예배 전쟁은 세계 그 어느 전장보다 한국 교회에서 더 치열하게 벌어지고 있다. 매주일 맞이하는 예배를 기획하기 위해 여러 순서를 조합하려는 순간, 더 풍성한 예배를 위해 새로운 무언가를 도입하고 원래 있었던 무언가를 빼려는 움직임 속에서, 예배 공간에 어떤 기구가 들어오거나 나가야 한다고 말하는 바로 그 때, 우리는 치열한 예배 전쟁에 참전하게 된다.

"승태랑 진호는 30년 전에 태어났으면 교회에서 쫓겨났을 거야"

우리 교회에서 드럼과 전자 기타를 치는 청년들에게 가끔 농담으로 하는 말이다. 정말 그랬다. 지금은 교회를 개척할 때 가장 먼저 구입하는 것 중 하나가 프로젝터와 전자 악기들이지만, 30년 전에는 드럼이나 키보드 같은 악기를 예배당에 들여놓는 교회가 많지 않았다. 공예배에 피아노와 오르간만 사용하고, 장년 세대가 주를 이루는 예배가 끝나면, 젊은이들이 들어와 전자 기타와 드럼의 사운드로 같은 공간을 가득 채운다. 마치 스물네 번 주인이 바뀌었다는 백마고지 전투처럼 오르간 파와 키보드 파가 시간을 달리해서 본당을 점령하는 듯한 모습이다.

음악에 대한 이해뿐 아니라, 예배와 관련된 많은 실천적인 부분에서 세대별로 일어나는 갈등은 소수 교회에서만 일어나는 일이 아니다. 예배시간에 웃거나 박수치거나 유흥적인 요소가 들어오는 것을 못마땅하게 여기는 이들이 있는가 하면, 축제 예배를 강조하기 위해 춤과 영상 등 신나는 요소를 넣고자 하는 이들도 있다.

본서의 부제이기도 하고 본문에도 많이 반복되어 나오는 "Building Vital and Faithful Worship"을 "경건하면서도 활기찬 예배"로 번역하였는데, "경건"과 "활기"가 공존하지 못하는 현실이 예배 전쟁의 현장이다.

예배에 있어서 전통과 현대 사이의 갈등에 가장 발 빠르게 대처한 예배학자는 아마도 지금은 고인이 되신 로버트 웨버(Rebert Weber, 1933-2007) 박사일 것이다. 그는 과거 교회의 풍성한 유산을 현대 교회가 수용하면서도 동시에 시대 감각에 뒤떨어지지 않는 예배를 해야 한다고 주장하며 많은 글과 설교를 통해 가르쳤던 분이다. 그의 책들은 고대-미래(Ancient-Future)시리즈로 우리나라에도 많이 번역되어 있다.

본서의 저자인 토마스 롱(Thomas G. Long) 박사도 전통과 현대의 갈등을 심각하게 받아들이지만, 웨버와는 조금 다른 자세로 갈등해소를 위한 접근을 시도한다. 그는 웨버처럼 전통과 현대를 그대로 섞어 놓거나 융합한 형태의 예배를 제안하는 것이 아니라, 어떤 면에서는 전혀 새로운 예배, 제3의 길로 가자는 제안을 한다.

앞서 들었던 음악의 예를 들자면, 피아노만 사용할 것이냐 드럼과 키보드도 들여올 것이냐를 가지고 전쟁을 벌이지 말고, 양군이 힘을 합하여 음악적 탁월함을 이루어 더 많은 회중이 입을 열어 노래할 수 있도록 해 주자는 말이다.

본서에서 롱이 주장하는 제3의 길은 그의 머릿속에서만 그려진 희미한 이상이 아니라, 그가 발로 다니고, 눈으로 보며, 입으로 질문을 주고받았던 많은 교회가 실제로 걷고 있는 길이다. 본서는 이론적인 내용도 담고 있지만, 이처럼 실천적이고 구체적인 예로 가득하기에 비록 북미와 한국이라는 문화적 차이는 있겠지만, 한국 교회에서 예배 전쟁의 종식을 위해서도 유익한 책이다.

교육부서 예배 기획마다, 당회와 제직회마다, 주일 아침마다, 전쟁 같은 예배를 한다고 생각하며 조금은 지쳐있는 이들에게 이 책에서 저자 토마스 롱이 제시하는 제3의 길은 사이다 같은 시원함을 가져다 줄 것이다.

모두가 예배를 그리스도인의 삶의 중심이라고 말하면서도 예배에 대한 진지한 접근을 위해 신학적인 고민을 하기보다는 소위 검증된 프로그램 도입에 급급한 현실 속에서 "예배학 시리즈"를 통해 한국 교회에 공헌하는 기독교문서선교회(CLC)와 대표 박영호 목사님에게 감사의 마음을 전하고 싶다.

예배학을 전공한 신진학자들이 여러 분 귀국하여 많은 저서와 역서를 낼 수 있는 현실도 기쁨으로 다가온다. 부족한 실력으로 번역한 본서도 이 귀한 사역의 모퉁이에 설 수 있어 감사하고, 편집과 교정에 수고하신 모든 분께 고개 숙여 인사드린다.

2017. 12. 2.

목차

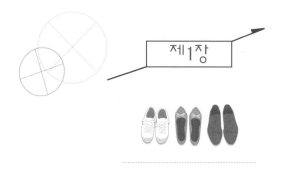

예배 전쟁: 최전방에서 온 보고서

최근 나는 대도시의 어느 교회에 있었던 모임에 참석했다. 그 교회는 "올드 퍼스트교회"(Old First Church)[1] 같은 곳이었다. 즉, 인상적인 아치형 입구와 아름다운 스테인드글라스 창문이 있는 신고딕 양식의 벽돌 건물로 역사와 전통이 숨쉬는 장소였다. 우리는 목조 장식의 멋진 서재에서 모임을 가졌는데, 책으로 빽빽한 책장과 마호가니 책상, 그리고 가득 들어찬 의자 때문인지 권위 있는 어떤 법률사무소 서재처럼 보이기도 했다.

휴식 시간에는 일부가 교회의 다른 장소도 볼 수 있는지를 물어보았고, 담임목사는 자상하게 우리를 안내해 주었다. 본당에 들어서자 그런 오래된 교회에서만 볼 수 있는 광경이 펼쳐졌다. 아치형 천장, 고정된 채 열을 지어 늘어선 회중석, 치솟은 설교단, 웅장한 파이프 오르간, 거대한 대리석 성찬상이 바로 그런 것들이다.

하지만 우리는 전혀 기대하지 못한 것도 보았는데, 심벌 세트와 스네어를

---

1   뉴욕시 헌팅턴(Huntington)에 있는 교회로 1784년에 지어졌다.

갖춘 반짝이는 빨간 드럼이 강대상 오른편에 놓여 있었던 것이다. 그 드럼은 중세적인 분위기 한복판에서 마치 미래에서 온 시간 여행자가 두고 간 물건처럼 보였다. 우리가 거기에서 시선을 거두지 못하는 것을 보고는 담임목사는 시큰둥하게 말했다.

"아, 저거요. 우리 교회의 새로운 청소년부 사역자가 **현대적인** 예배를 좋아하거든요."

회색 빛 고딕 예배당 안에 있는 번쩍이는 드럼만큼 오늘날 예배의 긴장과 변화를 잘 나타내는 이미지는 찾기 힘들것이다. 21세기에 접어들면서 미국 교회의 예배는 어수선한 상태에 놓여 있다. 많은 교회가 급격한 변화를 겪었는데, 음악, 용어, 분위기, 설교 형식, 예배 공간, 예배하는 날과 시간, 리더십, 심지어 예배자의 복장까지 거의 모든 요소에서 새로운 모습을 갖추고 신선한 소리를 내게 되었다. 어떤 교회에게 이러한 변화는 교회가 문화와 소통한다는 것이 무엇을 의미하는가를 포괄적으로 말해 주는 것이다. 워낙 전면적인 변화이기 때문에 사람들은 이런 교회를 "새 패러다임" 교회(new paradigm churches)라고 부른다.[2]

일반적으로 변화가 더디고 조심스러운 전통적인 "구 패러다임" 교회(old paradigm churches)도 늘 해왔던 식으로는 곤란하다고 여기면서 예배 형식은 반드시 새로운 문화에 발맞추어야 한다고 느끼고 있다. 지난 십 년 간 전혀 예배에 손을 대지 않던 교회도 이제는 자유롭게 예배에 음악, 영상, 드라마를 실험하고 있다. "오늘 아침 중보기도를 위해 스크린에 있는 파워포인트를 보시

---

2   Donald Miller, *Reinventing American Protestantism: Christianity in the New Millennium* (Berkeley: University of California Press, 1997)를 보라.

기 바랍니다"라고 사회자가 말할 때 회중 가운데 누구도 이런 첨단 기기가 오래 전통의 예식과 함께 있는 것에 거슬려하거나 충격받지 않는다. 빨간 드럼 세트는 근엄한 성전 안으로 서서히 기어 들어왔고, 지난 20년 혹은 최소 10년을 돌아보면 예배의 풍경이 많이 바뀌었다는 것을 인식할 수 없는 교회는 매우 드물다.

1. 히폴리투스 vs 윌로우크릭

그런가 하면 이런 격동기에 스트레스를 받지 않거나 갈등을 겪지 않는 교회 역시 드물다. "변화"라는 게 쉽게 이루어지지 않는 법이지만, 만약 회중 예배에 무언가 변화를 가해야 할 경우 갈등이 특히 더 많이 발생한다. 예배 형식의 급격한 변화는 말할 것도 없고, 순서상 작은 변화만 주어도 회중의 신경이 곤두서게 된다.

실제로, 새로운 형식의 예배를 도입해야 한다는 부담은 정도의 차이는 있겠지만 모든 미국 교회에 긴장을 형성했다. 때때로 이런 긴장은 서로가 원하는 것 사이에서 밀고 당기는 불안한 분위기를 조성하기도 한다. 어떤 사람들은 삶에 적용 가능한, 더 자극적인, 더 드라마틱한, 더 가벼운, 더 시끄러운, 더 즉흥적인, 더 재미있는 예배를 원하는 반면 다른 이들은 보다 조용한, 더 경건한, 더 전통적인, 더 격식 있는, 더 위엄 있는 예배를 원한다.

하지만 누구도 완전히 만족하지는 못한다. 어떤 교회에서는 보다 광범위한 문화 전쟁의 한 전장으로서 "예배 전쟁"이 발발하는데, 이 전쟁에서 발생한 사상자로 인해 교회에 심각한 갈등이 야기된다. 또 다른 교회에서는 예배를 분단시키는 불안정한 휴전협정이 맺어진다.

"현대적인 예배를 원하는 분은 9시 예배, 전통적인 예배를 원하는 분은 11시 예배에 참석하세요!"

이러한 갈등을 무엇이라 부를지에 대한 갈등도 존재하는데 "전통적 예배 vs 현대적 예배"가 가장 많이 쓰이는 표현이다. 하지만 어떤 이들은 이러한 구분에 반대하는데, 전통을 현대에 대립시키는 것은 전통적 예배가 낡고 진부하다는 생각을 내포하고 있기 때문이다. 그들의 생각에는 모든 예배가 "현대적"이다. 예배당은 박물관이 아니고, 16세기의 기도문을 가지고 기도하더라도 확신을 가지고 한다면, 갓 만들어진 유행어 이상으로 "현대적"인 것이다.

반대편에는 또 다른 이유로 "전통과 현대"라는 용어 사용에 반대하는 이들이 있다. 즉, "전통"적인 예배는 안정적이고, 진중하며, 불변의 진리를 담고 있는 반면, "현대"적인 예배는 변덕스럽다는 편견을 가질 수 있다는 것이다. 예배는 항상 유동적이고 가변적이며, 예배에 있는 유일한 전통이란 바로 역동성과 수용성이라고 그들은 주장한다.

요컨대 "전통적"이라고 함은, 당시로서는 혁신적이었던 과거의 특정 순간를 가리킨다. 사람들이 "옛날 찬송"을 부르고 싶다고 할 때는 그레고리안 성가를 뜻하는 게 아니라, "예수를 나의 구주 삼고"(Blessed Assurance)나 "죄짐 맡은 우리 구주"(What a Friend We Have in Jesus) 같은 19세기 찬송을 의미하는 것이다. 언제나 예배에 있어 왔던 전통이라고 말하지만, 실제로 그런 전통은 거의 없다. 사람들이 의미하는 "전통적인" 것은 그들이 어릴 때는 그렇지 않았던 것들이다.

그런 것이다.

예배 안에 있는 이러한 갈등들을 무엇이라 묘사하든 그 이면에는 중요한

사실이 있다. 즉, 이 전쟁이 어떻게 시작되었는지를 이해하기 전에는 "예배
전쟁"에서 평화를 모색하기 어렵다는 것이다. 오늘날 예배를 지배하는 혼란,
불확실, 그리고 갈등은 두 개의 강력한 영향력 간의 충돌에서부터 생성되었
다. 그들은 지난 50년간 점진적으로 미국 교회 안에서 그 영향력을 키우더니
이제는 예배의 핵심에 자리하게 되었다.

두 영향력은 복잡하고 다양한 성질을 가졌는데, 나중에는 명료하게 설명되
기를 바라면서 지금은 간단히 "히폴리투스 군단"(Hippolytus force)과 "윌로우
크릭 군단"(Willow Creek force)이라고 부르기로 하자.

1) 히폴리투스 군단

1963년 12월 4일, 엄청난 강도의 지진이 로마가톨릭교회 예배를 강타했
다. 바로 이날 제2차 바티칸 공의회(the Second Vatican Council)에서 나온 문서
중에서도 가장 중요한 문서 중 하나인 "전례헌장"(*Constitution on the Sacred Lit-
urgy*)이 예배 혁명의 팡파르를 울리며 공포된 것이다. 그 헌장은 예배에서의
전면적인 개혁을 요구하였는데, 엄청난 파급효과와 더불어 많은 논쟁을 불러
일으켰다.

로마가톨릭교회는 라틴어가 아닌 자국어로 예배하기 시작하였으며, 성례
에서 보다 축제적인 요소들을 찾게 되었다. 말씀 중심의 예배가 새롭게 강조
되고, 성경적 설교가 활기를 띠었으며, 회중이 예배에 보다 능동적으로 참여
하게 되었다.[3]

---

3   James F. White, *Christian Worship in North America: A Retrospective: 1955–1995* (Col-
legeville, Minn.: Liturgical Press, 1997), 33–43.

이러한 변화를 옆에서 지켜본 어떤 개신교도들은 우쭐대며 말한다. "그래, 이제 로마가톨릭도 종교개혁을 따라오기 시작했군."

하지만 보다 주의 깊은 관찰자들은 제2바티칸의 변화가 단순한 종교개혁의 모방 차원을 넘어, 보다 근본적임을 보게 되었다. 즉, 제2바티칸은 종교개혁이 가졌던 오래된 논쟁과 분쟁을 헤치고 나가, 예배의 핵심과 본질까지 뚫고 들어가기를 추구했다. 제2바티칸의 개혁은 진정으로 성경적이고, 그리스도 중심적이며, 완전히 회중적인 예배, 온 회중이 하나님의 백성으로서 자유롭게 예배하는 그런 예배를 지향했다.

로마가톨릭 예배 세계를 강타했던 지진은 마찬가지로 개신교에도 거센 여진을 남겼다. 가톨릭의 개혁은 개신교로 하여금 자신들의 예배에 대한 근본적인 재고를 촉구하였고, 전례헌장이 공포된 지 10년 안에 북미의 "주류" 교단 대부분이 예배에 관련된 활기찬 에큐메니칼 논의에 참여하였으며, 신선한 자료도 엄청나게 쏟아졌다.

연합감리교, 루터교, 성공회, 장로교 등의 교단이 모두 새로운 예배지침서를 발간했는데, 가장 주목할 만한 점 중 하나는 이 예배지침서 사이에 많은 공통점이 있으며, 제2바티칸 이후의 로마가톨릭 예배도 그렇다는 사실이다. 제2바티칸의 항적을 따라 예배와 관련해서 에큐메니칼의 합의가 급진전되거나 혹은 근사치를 향해 나아갔던 것이다. 교회는 예배에 있어 기독교의 보편적인 유산을 재발견해 나갔다.

이러한 재발견은 고대 교회의 기도와 의식(rites)의 회복을 통해 이루어졌다. 한 가지 좋은 예로, 많은 예배지침서에 성찬시 행했던 감사기도인 성만찬 기도(eucharistic prayer)가 나오는데 이는 3세기 신학자이자 교회 지도자였던 히폴리투스가 쓴 저작에 나오는 기도를 모델로 삼고 있다.

왜 히폴리투스인가?

왜 1700년 전의 기도를 요즘 시대에 따라 하는가?

왜냐하면 히폴리투스의 기도가 현존하는 성만찬 기도 가운데 아마도 가장 오래된 것이기 때문이다. 이것은 동서방 교회가 나뉘기 전, 개신교와 로마가 톨릭이 분리되기 전 기독교의 원천에서 나온 것이다. 히폴리투스의 기도는 기독교회가 아직 하나였을 때 모든 그리스도인이 공통적으로 행했던 기도, 분열과 그에 따른 처참한 분쟁이 있기 전 행했던 기도를 상징한다.

이러한 이유로 나는 오늘날 보이는 예배의 첫 번째 영향력을 "히폴리투스 군단"이라고 부른다. 이는 범 교회에 속한 예배라는 보물을 재발견하게 해 주는 역동적인 예배 회복 운동이다. 많은 교단의 공식적인 예배지침서가 이 "히폴리투스 군단"의 영향을 받았으며, 오늘날 상당수의 교역자도 이러한 형태의 예배 안에서 훈련받았기에 이것을 좋아하고 존중한다.

그들은 말씀과 성찬의 통일성 및 설교와 성례 사이의 긴밀한 관계를 알고 있다. 또한 주일 예배의 전통적 구조와 교회력을 따라 예배에서 성경을 읽어 가는 성구집(lectionary)의 가치도 알며, 세례시 물을 붓는 등의 행위가 갖는 힘과 시편 찬송의 아름다움, 오랫동안 검증되어 온 예배 용어의 풍성함, 그리고 위대한 찬송가에서 발견되는 소중함도 알고 있다.

요한계시록에는 천군천사가 한 목소리로 "거룩하다, 거룩하다, 거룩하다"라고 노래하는 장면이 나온다. 히폴리투스 군단은 모든 그리스도인이 곳곳에서 그 노래에 동참하기를 바라는 소망을 대변한다.

2) 윌로우크릭 군단

재미있게도, 제2바티칸의 파급효과가 넘쳐나고 에큐메니칼 운동이 절정에 다다르고 있었던 그 시점에 또 다른 흐름의 물결이 갈등을 만들며 20세기 후반 미국 교회를 향해 밀려 왔다. 단적으로 말해, 오래된 기존 교회가 예배와 관련된 그들의 풍성한 유산을 회복하려던 참에 당시 문화는 그러한 교회와 예배를 끊임없이, 거세게, 그리고 총체적으로 거부하고 있었다.

1950년대에 많은 인원수를 자랑하며 잘 나가던 주류 교회는 1960년대에 들어와 삐걱거리며 감소하기 시작했다. 처음에는 소수의 인원만 교회를 떠나더니, 개울이 되고, 강물이 되면서, 나중엔 홍수가 되어 21세기로 접어들자 수백만의 사람들이 기존 교회에서 사라지게 되었다. 대부분은 화가 나서 떠난 것이 아니라 그냥 떠난 것인데, 그 이유는 제대로 설명되지 않은 채 여전히 뜨겁게 논쟁 중이다. 어떤 이는 독립 교회로 옮겨갔지만, 대부분 교회를 완전히 떠나 버렸다.

그 결과로 한 때 번성했던 교회가 작아지고, 쇠퇴하고, 미래에 대한 기대를 잃어버렸다. 게다가 남아 있는 사람들도 대게는 지루함과 무기력 가운데 있었다. 모두가 이런 사실에 공감하는 것은 아니었지만, 그리고 모든 교회가 감소 추세에 있었던 건 아니었지만, 미국 교회가 심각한 고민에 빠져 있었다는 사실은 분명했다. 교회를 향해 긍정적이었던 세대는 지나가고, 당시의 미국 사회는 대부분 부정적인 시선을 주고 있었다.

이런 위기에 대한 대처 방안으로 비전을 가진 교회의 몇몇 지도자들이 한 가지 이론을 제시했다. 그들은 사람들이 교회를 떠나는 이유가 신앙 자체에 실증이 나서가 아니라, 고리타분한 교회생활, 진절머리 날 정도의 지루함, 소외감, 그리고 그 안에서만 하나님을 찾을 수 있다고 기존 교회가 제시하는 고도의 제도화된 형식 때문이라고 했다. 그들에 따르면 세상은 변해버렸고, 변화된 문화 속에서 살아가고 있는 사람들은 더이상 어느 교회를 가야 할지를 고민하는 사람들이 아니다. 그들은 교회에 충성해야 한다는 관습에 얽매이지 않은 채 개인적이고, 명확하며, 자유롭고, 실제적인 자신만의 방법으로 영적 체험을 갈구하는 "구도자들"(seekers)이었다.

구도자인 해리(Harry)와 메리(Marry)[4]가 자의든 타의든 주류 교회에 들어섰을 때 어떤 일이 일어날까?

"히폴리투스 군단"과 맞닥트린다.

그들은 고대 교회의 용어나 중세 시대에서나 했을 법한 신기한 행위로 가득한 예배를 보게 된다. 찬송가는 그들이 알지도 못할 뿐더러 딱히 좋아하지도 않는 스타일이다. 읽지도 않고 잘 알지도 못하는 성경에 대한 따분한 설교를 듣는다. 정말 싫어하는 고전 음악, 흥미 없는 오르간 연주까지 곁들여진다. 이 모든 순서를 나이 많은 분들이 축 처진 채 진행하는데, 그들은 대체로 방문자들에게 냉담하다. 그리고 그들 자신도 이 예배를 지겨워하고 있는 듯 보인다. 그래서 해리와 메리는 다시 오지 않는다.

비전을 가진 사람들은 말한다. 거절당한 상처를 치유하는 미봉책이 아니라, 교회를 살리기 위해 종교개혁 수준의 대수술이 필요하다고 말이다. 완전히 새로운 종류의 교회에서 전혀 다른 방식으로 사람들과 접촉하고 완전히 개조된 방법으로 드리는 예배가 필요하다고 말이다. 살아남아 복음전파의 사

---

4 해리(Harry)와 메리(Mary)라는 이름은 Lee Strobel, *Inside the Mind of Unchurched Harry and Mary* (Grand Rapids: Zondervan, 1993)에서 온 것이다. 스트로벨은 시카고 윌로우크릭교회의 리더이다.

명에 충실하려면 교회는 해리와 메리의 관점에서 예배를 새로 디자인해야 한다. "구도자 중심"의 예배(seeker oriented worship)[5]를 발전시킨 몇 안 되는 교회 중에 시카고의 윌로우크릭교회가 가장 대중적으로 유명하고 상징성을 가진다. 윌로우크릭교회는 구도자예배운동의 선도자이며 주력 부대다. 그래서 우리가 "윌로우크릭 군단"이라고 부르는 것이다.

윌로우크릭교회가 어떻게 했기에 사람들이 좋아할까?

윌로우크릭교회는 교회에 오고자 하는 "세상" 사람은 대개 일요일 아침에 오기 원한다는 것을 인식하고, 보다 정형적인 예배, 즉 기존 신자를 위한 예배를 주중에 하기로 하고, 일요일 오전에는 매우 혁신적인 예배를 시행했다. 이는 전도를 위한 대담한 실험이었다.

"우리는 윌로우크릭교회가 시작될 때부터 해리와 메리에게 우선순위를 두고 일요일 오전의 황금시간을 그들에게 할애했죠(그리고 나중엔 토요일 저녁에도 같은 예배를 신설했어요)"라고 빌 하이벨스(Bill Hybels) 목사는 말한다.[6]

윌로우크릭교회 리더들은 구도자들이 종교에 대해 갖는 태도와 그들의 갈급함에 대해 연구한 후 자신들이 이해한 해리와 메리의 필요와 욕구를 채워 주기 위해 구도자 예배를 만들었다. 그 예배는 현대적인 용어와 음악을 사용했고, 볼거리가 많았으며, 스킷 드라마와 멀티미디어를 활용한 안무와 쇼, 연극 등 공연에 있어서도 "세속의 높은 기준"만큼 수준을 높였다.

설교는 풍성한 현실 묘사 및 적용과 더불어 현대인이 직면하는 적실성 있는 문제를 주로 다루었는데, 이는 "101 전략"(Christianity 101)의 가르침과 정

---

5 Seeker-Oriented Worship. 우리나라에서는 "열린 예배"로 불리기도 한다.
6 Bill Hybels, "Willow Creek Community Church," in *The New Apostolic Churches*, edited by C. Peter Wagner (Ventura, Calif.: Regal, 1998), 80.

확히 일치하는 것이었다.[7]

월로우크릭의 시도는 최소한 양적 성장의 측면에서 본다면 성공이었다. 수천의 사람들이 일요일 오전 월로우크릭으로 모여들었고, 수백 개의 교회가 월로우크릭 모델을 모방했다. 구도자뿐 아니라, 예배에 참석한 기존 신자도 이렇게 생동감 넘치고 의미 깊은 예배를 본 적이 없다고 하였다. 구도자 중심의 예배 스타일은 교회 안팎에 매력적으로 다가왔는데, 특히 화려한 시각 효과와 빠른 전개, 신나는 비트의 음악을 좋아하는 젊은 층이 좋아했다.

월로우크릭 현상을 기민하게 관찰한 이들은 최첨단의 음향장비를 가진 매우 세련되고, 드라마틱하고, 현실 적응력 있는 월로우크릭의 예배와 "구닥다리 설교를 하는 오래된 골목 교회"를 비교하는 것은 너무 냉혹한 것이라고 지적한다.

이것은 이마트와 구멍가게의 대결이죠. 공평하지 않은 싸움입니다.[8]

월로우크릭교회에 와서 활기 넘치는 예배를 경험하고 돌아간 사람들은 자신들의 예배에 변화를 주기 위해 다각도로 노력하였다. 찬양밴드와 드라마팀, 그리고 간소한 "청바지 차림"의 예배가 곳곳에 생겨났다. 월로우크릭 군단이 강성해지자 예배자들은 정장과 넥타이를 벗어 던지고 짧은 옷에 샌들을

---

7 Ibid., 80. "101전략"은 빌 하이벨스의 목회 전략 중 하나로, 설교란 쉽고 단순하지만 복음의 핵심을 가지고 있어야 한다는 취지의 가르침이다. Bill Hybels, "Willow Creek Community Church", in *The New Apostolic Church*, ed by P. Wagner (Ventura: Regal, 1998), 80쪽을 참고하라.

8 Charles Trueheart의 "Welcome to the Next Church," *The Atlantic Monthly*, 278/2 (Aug. 1996)에서 인용된 텍사스의 사업가이자 작가인 Bob Buford의 말이다. 이 논문은 인터넷 싸이트 www.theatlantic.com/issues/96aug/nxtchrch/nxtchrch.html에서도 볼 수 있으며, 본서에서의 인용은 웹버전에서부터 온 것이다.

신고 회중석에서 일어나 격렬한 음악에 몸을 흔들었다. 전도 전략으로 시작된 것이 이제는 대중적이고, 편안하며, 현대적이고, 미디어 중심적인 예배가되었다. 풀러신학교 교수 피터 와그너(Peter Wagner)가 지적하듯이, 많은 교회가 적어도 한 번 이상의 예배에 이 새로운 스타일의 요소를 채택하고 있다.

> 찬양 인도자가 지휘자를 대체했다. 키보드가 오르간을 대체했다. 편안한 차림의 찬양팀이 가운을 입은 성가대를 대체했다. 프로젝터가 찬송가를 대체했다. 10-12분 부르던 회중 찬송이 이제는 30-49분 혹은 그 이상을 차지한다. 몸으로 어떻게 표현하는가는 자유지만, 예배 내내 일어서 있는 것은 불문율이다.[9]

이렇게 "히폴리투스 군단"과 "윌로우크릭 군단"은 각기 당당하고 확실한 목적을 가진 채 교회를 위해 일하기 때문에, 서로 부딪칠 수밖에 없다. 실제로 그러하다. 양쪽의 특공대들은 참호 너머로 저속한 비방을 던져대기 시작했다.

어떤 히폴리투스 옹호자들은 윌로우크릭 쪽 사람들을 향해 팥죽 한 그릇 때문에 장자권을 판 자라고 한다. 하나님을 올바로 찬양하기 위해 수 세기 간 신중하게 보존되어 온 교회의 위대한 예배적 유산인 바른 형식, 말씀, 그리고 음악이이제는 역사적으로 무시되어 온, 신학적으로는 별 볼일 없는, 우리의 소비를 자극하는 패스트푸드 때문에 내던져져 버렸다고 한탄한다. 현대적 예배가 전달하는 것은 그저 저급한 음악, 공허한 설교, 얄팍한 재미뿐이라고 비판한다.

반대편에서 수류탄을 들고 있는 자들은 골동품 같이 지루하게 반복되기만

---

9   C. Peter Wagner, "The New Apostolic Reformation" in *The New Apostolic Churches*, 22.

하는 히폴리투스 진영을 비난한다. 영적 굶주림으로 인해 세상은 아사 직전
인데도 그들은 이기적이고 완고한 태도로 종소리, 분위기, 그리고 도도한 강
대상 같은 것들을 고집부린다고 한다. 만약 교회가 아무도 이해하지 못하는
용어나 아무도 부를 수 없는 음악을 가지고 아무도 참석하고 싶어하지 않는
예배를 계속한다면 당연히 사멸할 것이라고 한다.

"멕켄지 신부는 아무도 듣지 않을 설교를 준비하고 있네."

비틀즈의 노래처럼 말이다.[10]

사실 오늘날 대부분의 교회는 엄밀하게 보면 양쪽 진영에 다 속해 있지 않
다. 대부분은 예배를 뒤덮은 갈등이 무엇인지를 고민하며 양 진영이 섞여있
는 중간 어디쯤엔가 서 있다. 교역자는 무엇을 해야 할지 알지 못하고, 찬양팀
은 어느 쪽에 장단을 맞춰야 할지 몰라 난처해 한다.

회색 빛 강대상에 놓인 빨간 색 드럼.

이것은 한 편으로는, 예배 중에 한 두 곡 정도는 경배와 찬양 곡이 사용된다
거나, 토요일 저녁에 실험적으로 "현대적 예배"가 드려진다거나, 편안한 차림
으로 교회에 와도 된다거나, 이전보다 더 많은 웃음과 박수소리가 예배당에
있다는 것을 의미할 수 있다.

또 다른 한 편으로는, 회중이 기도송을 부르는 범교회적 예전을 도입하여
이전에 했던 것보다 더 의식을 갖추고 경건하게 성찬이 집례된다거나, 세례
예식시 고대 교회에서 행했던 악으로부터의 단절 선언을 포함하고 있음을 의
미할 수도 있다. 요컨대, 히폴리투스와 윌로우크릭 군단이 대부분의 교회에
동시에 영향을 미치는데, 결과적으로 끝없는 싸움만 되풀이 되는 것이다.

---

10 비틀즈의 노래 "엘리노어 릭비"(Eleanor Rigby)의 가사 중 일부.

2. "제3의 길" 찾기

나는 한 가지 판단과 한 가지 기대를 가지고 본서를 시작했다. 판단이라 함
은 히폴리투스와 윌로우크릭 군단 모두 우리에게 보여 주는 것만으로는 결국
큰 도전을 주지 못한다는 것이다. 그들 모두 원래의 형태로는 목표에 도달할
수 없다. 윌로우크릭 식의 접근은 역사적으로 검증되고 신학적 토대 위에 형
성된 그리스도 중심의 예배, 즉 복음에 순종하는 기도와 찬양이라는 그리스
도인의 위대한 전통을 형성하는 예배와 너무 멀이 떨어져 있다. 결국 수영을
배우기에는 물이 너무 얕다는 것이 밝혀질 것이다.

구도자 중심의 예배는 "진짜" 예배를 위한 전도 차원의 준비 과정일 뿐이라
고 하지만, 예배의 참석자들은 그렇게 느끼지 않는다. 구도자 예배는 주일에
있고, 거기에는 종교적인 음악도 있으며, 설교 비슷한 것을 하는 설교자도 있
다. 뒤뚱뒤뚱 걸으며 꽥꽥거리는 게 다 오리라면, 그것도 교회라고 해야 한다.
사실, 구도자 중심의 교회는 구도자 예배에서 "신자 예배"로 사람들을 변환시
키는 것이 처음 생각했던 것보다 어려운 일이라는 사실을 깨닫기 시작했다.[11]

좀 더 말하자면, 구도자 예배는 그 뿌리를 복음 이야기가 아닌, 이 시대 대
중매체에 두고 있다는 것이 계속해서 드러났다. 예배는 의식적인(ritual) 행위
인데, 이 의식은 삶을 변화시키는 강력한 근원을 가진다. 참석자로 하여금 이
근원을 간접적으로 경험하게 해 주고, 그것의 에너지를 새로 받게 해 주는 것
이 의식의 기능 중 하나다.

11　Sally Morgenthaler, *Worship Evangelism: Inviting Unbelievers into the Presence of God*
　　(Grand Rapids: Zondervan, 1999), 44-45.

전통적인 예배는 성경 이야기에 기초한다. 그것은 본질적으로 인간과 교제하시는 하나님의 거룩한 이야기를 재현한다. 우리가 예배 중 참회의 기도를 할 때, 이사야가 다시 말한다.

화로다 나여 망하게 되었도다 나는 입술이 부정한 사람이요(사 6:5).

성도는 성경을 펼치면서 다시 시내산, 계시의 산 앞에 모인다. 세례를 받기 위해 앞으로 나아갈 때, 하나님의 백성은 다시 한 번 홍해를 건너고, 예수님은 다시 세례를 받으신다. 성찬을 위해 빵을 나누고 잔을 채울 때, 회중은 "이 떡을 먹으며 이 잔을 마실 때마다 주의 죽으심을 그가 오실 때까지 전하기 위해" 그 다락방에, 그 십자가 앞에 서게 된다. 모든 예배 순서는 신앙의 전체 여정을 상징적으로 보여 준다. 예배는 그것이 지향하는 바를 끊임없이 가리키는 그림이다.

그런가 하면, 강단을 무대 삼아 한 손에 마이크를 들고 재미난 토크와 음악과 스킷이 "쇼! 음악중심"만큼이나 빠르고 쉴 새 없이 진행될 때, 그것이 지향하는 바 역시 분명하다. 그것은 성경 이야기를 재현하는 게 아니라, 쇼 프로의 재방송이다. 설령 음악에 자극되고 기도에 흥분되며, 설교에 격려를 받고 따뜻한 경험을 하더라도, 여전히 그 예배의 근본 구조는 기본적으로 틀린 이야기를 하고 있다. 그 이야기는 누군가를 깊이 있는 그리스도인이 되도록 인도하는 대신 그저 "다음 주에 또 만나요. 같은 시간, 같은 장소에서"라고 말할 뿐이다.

반면에, 윌로우크릭과는 다른 히폴리투스 식의 접근으로는 변화하는 문화적 환경 가운데서 예배가 항상 그것을 수용할 준비가 되어 있어야 한다는 사실을 충분히 반영하지 못한다. 히폴리투스 군단의 대변인들은 예배가 비공개적 시간이라는 사실에 유념한다. 예배는 모든 참가자들을 위해, 또 그들에 의해 진행되는 체육대회가 아니다. 그리스도에게 속한 신앙공동체의 의식(ritual)이다. 따라서, 특별한 어휘와 기술적인 준비가 요구되고, 그 안에서 성경과 예배의 의미에 대한 지식이 성장해야 한다.

히폴리투스 쪽 사람들 모두 이것을 알고 있다. 하지만 그들이 종종 제대로 인식하지 못하는 것은 예배가 비공개적 시간이긴 하지만 공개적 장소에서 행해진다는 사실이다. 예배당의 문과 창문은 상징적으로 항상 열려 있다. 방문자를 향한 환영과 환대가 없는 예배는 진정한 예배라고 할 수 없다. 미국 사회에는 수백만의 사람들이 영적인 곤궁 가운데 있는데, 그들은 한 번도 교회를 의지할 곳으로 여겨 본 적이 없거나, 시도를 해봤어도 실망을 했던 사람들이다.

어떤 이들은 교회가 마땅히 해야 하는 말을 한 번도 들어 본 적이 없다. 들어 본 적이 있는 이들도 기억이 희미해져 버렸다. 만약 문이 닫혀 있거나 언어가 너무 아리송해서, 혹은 환대에 인색하거나 배우기에는 의식이 너무 어렵다는 이유로 예배에 들어오지 못하는 굶주린 영적 구도자를 "이방인"으로 방치한다면, 그리스도라도 그 예배에 들어오기 어려울 것이다.

예수님이 말씀하셨다.

누구든지 내 이름으로 이런 어린 아이 하나를 영접하면 곧 나를 영접함이니

(마 18:5).

게다가, 히폴리투스식 예배는 솔직히 많이 지루하다. 한 때는 위엄 있었던 묵도부터 축도까지의 여정을 이제는 열정도, 활기도, 생명력도 없이 타박타박 걸어간다. 많은 전통 교회의 주일예배가 마치 매일 아침 출발하여 목적지

까지 안전하게 데려다 주는 통근버스 같다는 것은 슬픈 일이다.

가슴이 벅찰 일도, 흥분될 일도 없다. "예배에 하나님이 안 오시는 게 더 낫지 않나요?"라고 한 구도자 중심 교회의 목사가 전통적인 교회를 향해 일침을 날린다.

"그러면 당신들은 집에 몇 시에 가서 저녁을 먹을 수 있을지 알 수 있잖아요."[12]

그것이 본서의 배경이 되는 기대로 이끌어 준다. 나는 어떤 교회가 그들의 계획이었든 하나님의 섭리였든 혹은 둘 다였든, 이 치열한 전투 현장을 피하기 위해 히폴리투스와 윌로우크릭 사이에서 예배의 "제3의 길"을 용케 찾았다는 것을 알게 되었다.

그 교회들은 히폴리투스 군단이 제공하는 역사적 예배의 궤도 안에 든든히 서 있으면서, 윌로우크릭 군단의 주된 목적인 현대 문화에 즉각 반응하고, 접근이 용이하고, 매력적인, 구도자들과 방문자들을 환대하는 분위기의 예배를 한다.

부상 당하지 않은 전투원을 최적의 상태에서 합병하여 전쟁터를 헤쳐나가는 길이 있다는 생각은 내가 고안해 낸 것이 아니다. 많은 이들이 전통적인 예배와 현대적 예배의 가치들을 접목시키는 방법을 생각해 왔다. 그 중 가장 탁월한 것은 휘튼칼리지의 신학교수인 로버트 웨버(Robert Webber[1924-1989])이다. 그는 설득력 있게 전통과 현대, 옛 것과 새 것, 본질과 현실성을 적절히 섞어 놓은 "통합 예배"(blended worship)를 주장한다.

전통적 예배가 격식을 갖춘 것이고 현대적 예배는 형식에 얽매이지 않는다

---

12 Jackson W. Carrol의 책, *Mainline to the Future: Congregations for the 21st Century* (Lousville: Westminster John Know, 2000), 54에서 인용한 빈야드교회의 "Catch the Fire Service"에서 한 어느 설교자의 말이다.

면, 통합 예배는 두 스타일 사이를 넘나든다. 전통적 예배가 말씀 중심에 오르간 밖에 없는데 비해 현대적 예배가 피아노, 드럼, 기타 등의 악기를 갖춘 음악 중심이라면, 통합 예배는 둘 다를 채용한다. 통합 예배는 찬송가와 프로젝터, 기도문과 즉석 기도, 설교와 청중의 응답 시간을 다 가진다.[13]

하지만 결론적으로 내가 추구하는 것은 "통합" 예배가 아니다. 웨버는 "통합" 예배에 대해 유동적이고 섬세한 이해를 가지고 있겠지만, "통합"이라는 말 자체에는 짜깁기라는 의미가 담겨 있다. 현대적 모양새와 전통적 가치를 짬뽕해 놓았을 뿐이다. 내 생각에는 너무 많은 교회들이 이런 절충안을 받아들였다. 그들은 말한다.

"우리는 찬송가도 부르고 경배와 찬양 곡들도 해요. 전통적 예배 순서에 스킷 드라마도 끼워 넣었어요. 이것도 조금 저것도 조금 하죠. 그러니 모두가 만족할 겁니다."

나는 전혀 새로운 것을 창조해 낸 교회들을 찾고자 했다. 현대 문화에 정확하게 보조를 맞추면서도 예배의 위대한 유산을 완전히 수용한 그런 예배, 젊은 세대와 구도자들, 그리고 종교에 대한 궁금증을 가진 자들과 영적인 세계에 목마른 자들에게도 매력적이며, 동시에 역사적으로 교회가 마셔온 예수 그리스도의 복음의 깊고 신선한 샘물로 사람들을 인도하는 그런 예배를 하는 교회 말이다.

처음에는 상상 속에서나 볼 수 있고 실제로는 존재하지 않는 유니콘을 찾고 있는 것은 아닌가 생각했다. 친구들과 전문가들, 그 외 많은 이들에게 전화

---

13 Robert E. Webber, *Blended Worship: Achieving Substance and Relevance in Worship* (Peabody, Mass.: Hendrickson, 1996)과 *Planning Blended Worship: The Creative Mixture of Old and New* (Nashville: Abingdon, 1998)를 보라.

를 해 내가 찾고 있는 교회들을 설명하기 위해 애썼다. 종종 그들은 내 말을 오해하여 히폴리투스식 예배를 잘 하고 있는 교회나, 멋진 음악이 있는 매력적인 교회, 혹은 최근 성장하고 있는 어느 대형 교회를 소개해 주기도 했다.

더디긴 하지만 확신을 가지고 나는 다른 길을 개척해 나가고 있는 교회들의 목록을 작성하기 시작했다. 더 많이 조사할수록 예배에서 "제3의 길"을 시행하고 있는 교회를 더 많이 찾게 되었다. 그 중 교회 20여 개를 추려 직접 예배에 참석하거나 예배 영상을 보았다.

이 탁월한 교회들을 방문하여 그들과 함께 예배하고 리더들과 얘기를 나누니, 하나의 일관성 있는 그림이 떠오르기 시작했다. 그들은 규모와 위치, 교단, 회중의 성향은 달랐지만 그 특성과 가치 기준에서 공통점이 있었다. 그들은 다양했지만 공통적인 특징을 가지고 있었는데, 그것은 예배의 혁신을 원하는 다른 교회에도 적용 가능한 것이었다.

분명 모든 교회가 모든 덕목을 소유한 것은 아니었지만, 각 교회는 대부분의 덕목을 갖추었다. 이 교회들을 "활기차면서도 경건한 교회"(vital and faithful churches)라고 부르기로 했다.

> 그들은 "활기차다." 활동적이고, 성장하고 있으며, 사람들을 예배로 끌어 모으기 때문이다.
> 그들은 또한 "경건하다." 이전에 해왔던 대로 예배의 위대한 유산을 지키기 위해 진리에 머무르고 있기 때문이다.

물론 이런 교회라고 해서 완벽한 것은 아니다. 그들도 사소한 다툼이나 제직 간 문제도 있고, 다른 모든 교회처럼 출석률이 저조할 때도 있다. 하지만 그들은 예배와 관련해 좋은 표지가 되어 세상 사람들이 그리스도 안에서 하나님을 만나도록 예배로 이끈다.

이런 교회의 특징을 열거해 본다. 앞으로 전개될 각 장에서 이런 특징이 어떻게 이들 교회의 생활과 예배 안에서 표현되는지를 살펴 볼 것이다. 활기차면서도 경건한 교회의 특징은 다음과 같다.

① 예배에 신비로운 경험을 위한 시간이 있다.
② 방문자를 환영하기 위한 기획과 헌신이 있다.
③ 예배가 갖는 드라마적 요소를 회복하고 가시화한다.
④ 스타일과 장르에 있어 탁월성과 대중성을 갖춘 회중 음악을 강조한다.
⑤ 예배 공간과 환경에 창의적으로 접근한다.
⑥ 예배의 모든 순서마다 예배와 지역을 향한 사명의 강한 연계를 구축한다.
⑦ 중요한 요소를 포함하여 비교적 고정된 예배 순서를 가지기에 회중이 익숙하게 반응한다.
⑧ 예배의 마지막은 축제적 분위기를 향해 달려 간다.
⑨ 예배 인도자로서의 강한 카리스마를 가진 목사가 있다.

앞으로 우리는 이런 특징을 예배에 어떻게 담아내는지, 그리고 어떻게 이런 요소가 다른 교회라는 새 토양에 이식될 수 있는지에 주목하면서 이 교회들을 살필 것이다.

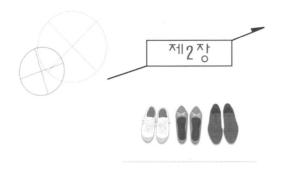

제2장

사람들은 왜 예배에 오는가?
신비의 임재

교회가 예배를 새롭게 하기 원한다면 가장 먼저 무엇이 사람들로 하여금 예배에 오게 하는지를 살피는 것이 자연스럽고 분명한 일이다. 무엇보다도, 건강한 교회는 교회 멤버가 아닌 이들을 예배로 오게 하며, 보다 거대한 문화에 속한 사람들을 특별한 예배의 경험으로 초청한다.

만약 교회가 지루하고 호소력 없는 예배를 고집하면서 사람들의 필요에 관심을 기울이지 않는다면, 얼마 안 가 회중석에는 몇몇의 완고한 충신들만이 남아있게 될 것이다. 만약 무엇이 사람들로 하여금 예배에 오게 하는지를 안다면, 최소한 이론적으로라도 예배를 그런 방향으로 만들 수 있을 것이다.

그렇다면, 사람들은 왜 예배에 오는가?

휴식이 주는 유혹과 즐거움을 생각해 보라.

도대체 무엇이 어떤 사람들로 하여금 골프 대신, 나들이 대신, 베이글과 함께 신문을 보며 미적거릴 수 있는 일요일 아침 대신, 예배를 선택하도록 하는가?

예전에는 교회 종소리가 온 마을 사람들을 예배로 불렀지만, 우리는 더 이상 그런 마을에 살지 않는다. 대신 불협화음의 종소리가 우리의 이목을 끌기 위해 쨍그렁거리는 분열된 다양한 사회에 살고 있다. 예배는 블럭버스터 영화와 조기축구를 비롯한 수 천의 라이벌들과 경쟁하고 있다.

사람들은 여러 이유로 예배에 온다. 어떤 이들은 습관적으로, 어떤 이들은 감사한 마음으로, 어떤 이들은 죄책감과 함께, 그리고 어떤 이들은 의리 때문에 온다. 어떤 이들은 배우자의 회유와 협박 때문에 모습을 보이기도 하고, 어떤 이들은 "바른 품행을 배울 필요"가 있는 자녀들 때문에 교회에 온다. 어떤 이들은 확고한 신념을 가지고 오지만, 여전히 어떤 이들은 뭐라고 표현하지 못하는 마음을 가지고 온다.

이 모든 이들이 우리 시대 문화의 유혹으로부터 귀를 닫은 채 일요일 예배에 오게 하는 저변에 있는 것은 무엇인가?

어떤 면에서, 교회가 직면하고 있는 사회 구조와 문화의 경향을 감안한다면 사람들이 여전히 교회에 온다는 것은 신기한 일이다. 학자들은 오늘날의 교회들이 "종교 다원주의"와 "제도적 종교의 확신이 감소"되는 환경 가운데 운영된다고 말한다. 이것을 실제적으로 표현하면 우리가 대도시에 살든지 중소도시에 살든지 우리의 이웃이 감리교도나 무슬림, 자유주의자나 근본주의자, 침례교인이나 불교도, 안식교인이나 무신론자, 뉴에이지 영성주의자나 혹은 평범한 어떤 이가 될 수 있음을 의미한다.

게다가, 그들이 믿는 혹은 믿지 않는 것이 무엇이든지 간에 점점 더 많은 이들이 자기 자신의 종교에 만족하고 있다. 교회당에서 다른 이들과 함께 예배하는 것은 불필요하며 재미없는 일로 여긴다. 사회학자 로버트 벨라(Robert Bellah[1927-2013])의 『마음의 습관』(*Habits of the Heart*)에 그런 이들 중 한 명의 인터뷰가 나온다.

나는 교회 너머에 있는 하나님을 믿습니다.[1]

물론 이것은 교회적으로 볼 때 안 좋은 뉴스이다. 출석률의 감소와 예배 참여의 저하라는 슬픔 위에 더해진 통곡과도 같다.

하지만, 밀려드는 개인주의, 전속력으로 다가오는 소비 문화, 불안감, 개인적으로 선호하는 "삶의 방식," 신조와 신앙적 전통에 대한 확신의 상실, 그리고 홈쇼핑에서 물건을 사듯 종교적 가치를 고르는 성향과 같이 오늘날의 교회생활을 부식시키는 강한 염산과도 같은 것들을 생각할 때, 오히려 희한한 것은 단지 소수의 사람들만이 교회에 온다는 사실이 아니라 여전히 많은 이들이 교회에 온다는 점이다. 예배는 많은 이들에게 지속적인 매력을 지니며, 만일 우리가 그 강점과 본유적 매력 위에 설 수 있다면 예배는 더 많은 이들을 불러올 것이다.

1. 옳은 질문인가?

"사람들은 왜 예배에 오는가?"라는 질문을 할 때는 어떤 대답을 구하고자 하는지를 생각해야 한다. 만일 사람들이 예배에 오는 동기가 무엇인가를 알 수만 있다면 그런 요소들을 예배 안에서 강조하여 예배를 더욱 매력적으로 만들 수 있다고 말하면서 본장을 시작하였다. 어떤 점에서 이것은 진실이지

---

1   Robert N. Bellah, et al., *Habits of the Heart: Individualism and Commitment in American Life* (Berkeley: University of California Press, 1985), 228.

만, 다른 점에서는 사람들이 예배에 오는 동기가 무엇인가를 묻는 것은 잘못된 질문이 될 수 있으며, 위험하기까지 하다. 내가 확신하는 바는 이렇다.

첫째, 진정한 예배는 사람들의 필요를 채워준다. 왜냐하면, 순환논법처럼 들릴지 모르겠지만, 사람들은 예배할 필요를 가지고 있기 때문이다.

하나님을 예배함은 단순히 괜찮은 일을 하는 것이 아니라, 인간이 되기 위한 필수이다. 자신에 대한 가장 위대한 선언은 다른 이들과 함께 하나님께 엎드려 헌신과 경배와 순종과 감사와 간구라는 예배적 행위를 하는 것이다. 이에 더하여, 만약 우리의 삶에서 온갖 잡동사니들을 제거하고 나면 우리는 단지 **필요**해서 회중 예배에 참석하는 것이 아니라, 다른 이들과 교제하면서 예배하기를 **원하게** 될 것이다.

우리 모두는 마음속 어디에선가 예배 없이는 온전하지 못하다는 것을 알고 예배하기를 갈구한다. 따라서 예배 기획자가 예배를 의미 있게 **만드는** 것이 아니다. 예배 자체로 **이미** 충분한 의미를 가지고 있다. 우리는 사람들의 가장 깊은 필요를 만져주는 예배를 생산해내지 않는다. 진정한 예배는 이미 그들의 필요를 채워준다. 우리가 할 일은 왜곡을 걷어내고 진실된 예배를 추구하는 것이다. 그것은 모호한 개념이 아니다. 사람들이 참으로 갈망하는 예배의 진정한 요소들을 확대해 주는 것이다.

둘째, 진정한 예배는 사람들의 필요를 채워주고 그래서 매력을 가지지만, 매력을 가진 모든 것이 진정한 예배는 아니다.

사실 "예배"라고 불리는 이벤트를 만드는 것이 더 쉽기 때문에 더 많은 유혹을 받는다. 그런 이벤트들은 호기심 가득한 사람들에게 매력적이다.

그들은 하나님을 예배하기 위해 오는 것이 아니라 즐기기 위해, 누군가에게 잘 보이기 위해, 공짜 힐링을 얻기 위해, 인생의 단기적인 충고를 들어보려고, 그것도 아니면 잠시 사람들의 관심을 끄는 수없이 많은 피상적인 격려를 제공받고자 온다.

그래서 만일 회중 예배에 대한 결정들을 사람들이 예배에서 무엇을 원하는가에 대한 "시장 조사"에 의지하면서 최근 유행하는 기호에 맞추려 한다면, 예배는 형체를 알아볼 수 없을 만큼 뒤죽박죽이 되어버릴 것이다. 단적으로 말해 그것은 현대 문화의 화려함을 비추는 거울일 뿐이다.

즉흥적이고 피상적인 관심은 종종 깊은 갈망 및 필요와 혼동되어 빽빽한 주차장, 꽉 찬 회중석으로 교회를 얼룩지게 만들도록, 그리고 마치 비밀 공식을 발견한 것처럼 여기도록 만든다. 사람들을 예배로 부르는 것은 하이테크 음향영상 시설과 게임 같은 서비스들, 스트레스와 가족 간 갈등 문제 같은 "실제생활"의 이슈를 다루는 재미난 스킷드라마, 어려운 성경 진리와는 무관한 설교, 뛰어난 기교를 가진 찬양밴드, 그리고 "오늘의 요리"같이 가볍게 제공되는 예배일 수 있다.

예배는 그것이 얼마나 인기 있고 영감 있고 아름다운지, 또 교육적으로 음악적으로 시적으로 풍성한지, 아니면 얼마나 신나는지에 따라 가치가 매겨지지 않는다는 불편한 진리를 계속해서 기억해야 한다. 예배는 보통 이 모든 요소들을 다 포함한다. 사실 예배는 그 자체의 아름다움과 드라마적인 형태를 지닌다. 수준 높은 언어와 음악, 예술을 소환하여 강력하게 사람들의 마음을 움직인다.

하지만 우리가 이런 것들을 예배의 목적이나 우선순위에 둔다면 핵심을 잘

못 짚은 것이다. 본질적으로 예배는 살아계신 하나님의 임재 앞에 있다는 것을 깨닫는 순간 발생하는 사건이다. 이 만남 외의 다른 것으로 예배를 바꾸거나 겉모양을 꾸미려고 시도하는 것은 예배의 기본적 성격을 오해하는 것이다. 신학자이자 예배학자인 마르바 던(Marva Dawn)의 멋진 표현을 빌리자면 예배는 "거룩한 시간 낭비"이다.[2]

이런 점에서 예배는 사랑에 빠지는 것과는 다르다. 누군가 다른 이의 발 앞에 고개를 숙일 때는 흠모의 감정이 자연스럽게 사랑하는 이로부터 사랑 받는 이에게로 흘러 들어간다. 이 흠모함의 감정은 다른 무엇에 관련된 것이 아니다. 그것은 사랑하는 관계 외적인 어떤 실용적 목적을 이루어주는 것이 아니다. 실로 사랑 받는 이 앞에서 사랑하는 이는 흠모 외에는 가질 수 있는 감정이 없다. 사랑 받는 이 말고는 향수, 부드러운 음악, 은은한 조명, 와인, 장미, 그 어떤 것도 흠모의 감정을 불러일으킬 수 없다.

마찬가지로, 예배의 핵심은 살아계신 하나님과의 만남이다. 그리고 진정한 예배는 하나님의 임재 앞에 꿇어 엎드린 인간을 포함한다. 예배는 경외함(awe)이지, 전략이 아니다. 만일 우리가 사람들로 하여금 교회에 "오게 만드는" 방법을 찾는다면, 그들을 유혹함으로 성공할 수 있을 것이다. 하지만 우리는 사람들이 진정으로 "예배하게" 할 수는 없다.

불타는 떨기나무는 모세의 예배적 본능에 호소하기 위해 춤춘 것이 아니라, 모세로 하여금 엎드릴 수밖에 없게 만든 하나님의 임재의 현현이었다. 예수님께서 풍랑이 넘실대는 바다 위를 걸어 일렁이는 파도로부터 침몰하는

---

2   Marva J. Dawn, *A Royal "Waste" of Time: The Splendor of Worshiping God and Being Church for the World* (Grand Rapids: Eerdmans, 1999).

배를 건지려고 씨름하던 제자들에게 가셨을 때, 그들은 그분을 예배했다(마 14:33). 그들은 그 경험이 재미났거나 교육적이거나 심미적이었기 때문이 아니라, 타자(the Other)와의 만남에 압도되어 그렇게 했던 것이다. 예배에서 인간은 이미 거기에 계시는 하나님에게 반응하는데, 우리의 예배는 하나님의 임재를 느끼는 우리 안에서부터 쏟아져 나오는 것들, 즉 경외심 가득한 찬양, 표현할 수 없는 기쁨, 떨리는 고백, 감사로 드리는 헌신으로 가득하다.

이제 이만큼 말했으니 동전의 다른 면도 한 번 보도록 하자.

예배가 우선적으로 인간의 필요가 아닌 하나님의 임재에 관한 것임은 분명하다. 그런데 사람들은 하나님과 관계를 맺을 필요가 있기 때문에 예배할 필요가 있다. 이 점에서 예배는 인간의 필요를 채워주게 된다. 애매한 표현이지만, 매력적이며 동시에 유용하다.

예배가 인간의 필요를 채운다는 이해는 "시장 조사"와는 사뭇 다른 것이다. 우리는 인간의 기호와 욕구에 대한 리스트를 만든 뒤 예배를 통하여 공허함을 채워보려는 게 아니다. 오히려 우리는 정반대를 추구한다. 어떻게 진정한 예배가 우리 안에 있는 가장 깊은 갈망들을 끄집어 내고 그것들을 충족시켜 주는지 보기를 원한다.

다시, 이런 생각을 노골적으로 이용하려 들면, 예배를 화려하게 치장하여 사람들을 끌어 모으는 것이 가능하다. 실제로 많은 교회들이 그렇게 하고 있다. 그런 예배들은 아마 높은 수준의 오락적인 가치를 지니고 있을 것이다. 아마 소속감을 심어 주어 사람들의 고독을 짚어줄 수 있을 것이다. 아마 오늘날 직면하는 여러 문제들을 위한 실제적인 해결 방안을 제시해줄 수 있을 것이다.

하지만 이 모든 매력에도 불구하고 그런 이벤트들은 진정한 예배가 아니다. 단지 그런 오락, 친밀감, 자기 위로 등은 예배가 아닌 다른 공간에서도 만날 수 있다는 이유 뿐 아니라, 총체적으로 볼 때 그런 것들은 우리의 가장 깊은 필요들이 아니기 때문이다.

그렇다면 무엇이 우리의 가장 깊은 필요인가?

첫째, 가장 우선적으로, 우리에게는 신비함이 필요하다. 즉, 우리는 하나님이 필요하다.

자세히 말하면, 우리는 하나님과의 교제가 필요하고, 하나님의 소유가 될 필요가 있고, 하나님과의 바르고 사랑스러운 관계가 필요하다. 16세기에 작성된 하이델베르그 교리문답의 첫째 문답에서 하나님께 속해야 하는 필요에 대해 이렇게 말한다.

Q1: 삶과 죽음에서 당신의 유일한 위안은 무엇인가?
A1: 그것은 나의 몸과 영혼이 삶과 죽음에 있어 내가 아닌 나의 신실한 구세주 예수 그리스도에게 속해있다는 것이다.[3]

둘째, 하나님께 속해 있기 때문에, 우리 자신을 하나님께 드리기 위해 우리의 삶을 자신보다 더 위대한 일 즉 우리의 삶은 어떤 궁극의 가치를 지닌다는 사실을 알게 해 주는 일에 헌신하게 해 주는 공동체에 속할 필요가 있다.

나르시시즘과 이기심의 저변에 깔려 있는 더 깊은 인간의 갈망은 더 큰 전체의 일부가 되는 것, 대의에 헌신하는 것, 정말 중요한 문제들을 위해 다른 이들과 함께 자신의 삶을 드리는 것이다.

---

3 *The Heidelberg Catechism* (Cleveland: United Church Press, 1962).

철학자이자 인류학자인 에른스트 베커(Ernst Becker[1924-1974])는 그의 명저 『죽음의 부정』(*The Denial of Death*)에서 다음과 같이 결론을 내린다.

> 우리가 할 수 있는 일로 보이는 것의 대부분은 우리 자신이든 다른 대상이든 무언가를 조성하는 것이다. 그리고 그것을 혼돈 속에 내려놓고, 그것을 소위 생명의 근원에게 바치는 것이다.[4]

베커의 통찰력을 보다 신학적인 면으로 확장시켜보면, 사람들에게 필요한 것은 일, 놀이, 관계 등의 모든 것을 포함하여 자기 자신을 하나님께 드리는 것이다. 요컨대, 인생에 진정한 의미를 가져다 주는 것은 자신을 위해 취득한 무엇이 아니라, 오히려 그 반대로, 자기 자신을 드리는 헌신이다.

인간은 인생의 거룩한 성전에 들어가기를 갈망하며 상징적으로 자신을 제단 위에 드리기를 원한다. "나의 생명 드리니 주여 받아 주소서"하는 찬송가 가사처럼 말이다.

신비와 공동체라는 이 두 가지 필요가 만나게 될 때, 예배는 사람들을 끌어 모으는 신성한 장소가 될 것이다. 만약 이 두 가지 필요가 만나지 않는다면, 예배는 그 자신의 진실된 모습을 배반한 채 사람들을 끌어 모으려고 텔레비전이나 대중심리학, 혹은 시민운동 같은 곳에서부터 에너지, 내용, 스타일을 미친 듯이 가져오기 시작할 것이다. 다음 장에서 우리는 예배의 두 번째 필요, 즉 공동체적 욕구의 측면을 다루게 될 것이다. 이 장의 남은 부분에서는 신비에 대해 다루면

---

4   Ernst Becker, *The Denial of Death* (New York: Free Press, 1973), 285.

서 이 첫 번째 요소를 활기찬 교회들에게서 찾는 작업을 하게 될 것이다.

> **특징 1.**
> 활기 넘치는 교회들은 예배에 신비의 경험을 위한 공간을 마련한다.

2. 신비의 임재 안에서

훌륭한 설교자이자 작가로 잘 알려진 바바라 브라운 테일러(Barbara Brown Taylor[1951-])는 성공회 사제로서 지역 교구의 교육을 담당했었다. 그녀는 정기적으로 지역 교회들을 대상으로 어떤 종류의 성인교육 프로그램을 원하는지에 대해 조사했다. 답변들은 한결 같이 예상 가능한 것들이었다.

더 많은 성경공부!

매 학기마다 그들은 더 많은 성경공부를 외친다.

하지만 이상하게도 그녀가 인근 신학교에서 교수들을 섭외해서 가르치도록 하면, 참여자는 항상 적었다. 매 학기마다 그들은 성경공부를 원했지만 실제 과정에는 오지 않는 것이다. 그녀는 말한다.

> 결국 나는 그 의미를 알았습니다. '성경'은 '하나님'을 상징하는 하나의
> 코드였던 거에요. 사람들은 성경 지식에 목말라 있던 것이 아니라, 하
> 나님을 경험하는 데에 갈급했던 것입니다. 그들은 성경에 답이 있을 것
> 이라 생각했던 것이고요.[5]

---

[5] Barbara Brown Taylor, *The Preaching Life* (Cambridge and Boston: Cowley Publications,

마찬가지로, 사람들은 더 많은 찬송이나 설교, 성가대의 노래 같은 예배 활동에 갈급한 게 아니다. 그들은 예배를 통해서 경험되는 하나님 그분을 갈망하는데, 가장 원초적인 면에서 이 갈망이 사람들을 예배에 오게 만든다. 작은 교회의 평범한 주일에도 이 거룩함에 대한 기대는 거의 만질 수 있을 만큼이나 분명한 것이다. 기도와 찬양 사이에, 설교 직전 흐르는 침묵의 시간에, 그런 것을 느낄 수 있다.

발명가이자 에세이작가인 프레드릭 비크너(Frederick Buechner[1926-])는 그의 책 『진실 말하기』(Telling the Truth)에서 이러한 기대감을 감동적인 글귀로 포착했다. 강단으로 올라가서 강단 조명을 켜고 마치 "장땡이라고 잡은 듯"(like a poker hand) 설교문을 펼치는 주일 설교자를 그는 이렇게 그린다.

> 이러한 침묵 가운데 회중이 설교자에게 기다리는 것은 기적이다. 회중이 설교자로부터 기다리는 기적은 단지 하나님께서 이곳에 계신다는 말이 아니다. 왜냐하면 그것은 이미 전에도 들었던 말이기 때문이다. 그들은 그가 이것을 현실화 해주기를 기다린다. 회중은 설교자가 거룩한 말씀을 통해 하나님을 현실화 해주기를 기다리는 것이다.[6]

하나님과의 만남은 분명 인간이 조정하거나 주선할 수 있는 것이 아니다. 어떤 예배 기획팀도 테이블에 앉아 브레인스토밍을 하면서 예배 순서 가운데 거룩함이 터져 나오도록 할 수 없다. 우리에게는 하나님을 등장하게 하는 능

1993), 47.

6   Frederick Buechner, *Telling the Truth: The Gospel as Tragedy, Comedy, and Fairy Tale* (New York: Harper & Row, 1977), 40.

력이 없다. 전략을 짜내어 하나님의 임재에 대한 사람들의 인식을 사로잡을 만한 능력이 부족하다. 하나님께서 예배 가운데 임재하신다. 우리가 할 일은 잡다한 생각을 치우고 인간적인 시선을 벗어버리는 것이다.

어느 주일, 나는 한 작고 안락한 시골 교회 예배에 참석했다. 예배 시작 몇 분 전에 도착했다. 예배 공간은 단순했지만 경건미가 있었다. 꽃가지들이 앞쪽에 있었고, 성찬상에는 성경이 펼쳐진 채 놓여 있었으며, 세례반과 설교단도 눈에 띄었다. 오르간 연주자는 조용히 연주하고 있었고, 안내위원들은 품격 있는 환대로 사람들을 회중석으로 인도하고 있었다. 음악은 계속되었고, 본당 앞쪽 문이 열리더니 성가대와 목사가 입례하여 그들의 자리로 갔다.

어쩌면 이것은 수십만 개의 교회가 수십만 번의 주일에 수십만 명의 사람들과 했던 일이다. 회중, 예전 도구들, 안내자들, 음악, 그리고 예배의 첫 순서 등 어떤 것도 특별한 것은 없었다. 그럼에도 불구하고, 모인 회중들 사이에는 예배 인도자들의 등장과 함께 어떤 중대하고 신비로운 일이 일어날지도 모른다는 기대감이 증폭되었다. 그런데 갑작스럽게 회중들이 목사에게 시선을 모았고 그의 얼굴을 쳐다보았다.

목사는 이렇게 말하고 있었다.

"할 말이 있었는데 깜박했네요."

목사는 일어섰고, 의아한 회중은 그가 움직이는 궤적을 따라 시선을 옮겼다. 그는 중앙 통로 쪽으로 느릿느릿 걸어가서 제일 뒷자리에 기대더니 거기 앉아있는 누군가와 몇 마디의 이야기를 나누었다. 그러곤, 기대감이 상승되던 분위기에 찬물을 끼얹고 신비함의 본질인 드라마틱한 전개를 방해함으로 예배를 망쳤다는 것에 대해 아무 일 없었다는 듯이 무고하고 순결한 모습으로 다시 강단 쪽으로 돌아섰다.

예배 인도자들은 얼마나 많은 크고 작은 방법으로 하나님과의 만남의 장소인 예배의 능력을 전복시키는 폭력을 가하는가?

예배에서 경외와 신비를 유지하는 것은 종종 리더들의 "인도 스타일"(presidential style)에 의존한다. 때때로 "인도 스타일"이란 순수하게 기술적인 문제라고 여겨지기도 하지만, 사실은 확신에서부터 나오는 문제이다. 만약 예배 인도자가 진실로 예배가 하나님의 임재 안에서 진행되고 있음을 믿는다면, 그 믿음은 전염된다.

인도자가 달변이든 지루하든, 격식을 차리는 사람이든 편안한 스타일이든, 경험이 풍성하든 초보이든, 예배가 거룩한 신비라는 맥락에서 이루어진다는 것을 인지할 때, 그들의 목소리, 자세, 언어, 몸짓 등 모든 것이 변한다. 반대로, 예배 인도자들이 그들 자신의 개인기 외에는 본당에서 아무 일도 일어나지 않는다고 생각한다면, 예배는 쇼가 되어 버리며, 단지 수평적인 것으로 압축된다.

몸짓과 목소리 등이 어떻게 상황과 확신, 자기 인식에 따라 영향을 받는가를 보려면, 패스트푸드 음식점에서의 행동과 촛불이 켜진 우아한 레스토랑에서의 사람들의 행동을 비교해 보면 된다. 전자의 경우 사람들은 천천히 카운터에 가서 줄줄이 주문을 해 버린다. 때로는 돌아서서 친구에게 "야! 뭐 먹을래?"하고 소리를 지르기도 한다. 하지만 고급 레스토랑에는 위엄 있게 들어가서는 품격 있고 부드러운 음성으로 주문을 하고 격식 있는 식사를 위해 끝까지 긴장을 늦추지 않는다.

마찬가지로, 예배가 거룩함의 임재 안에서 드려지는 장소라는 것을 알고 있는 예배 인도자들은 그에 따른 행동을 하게 된다. 그들의 몸짓과 목소리는 그런 장소에 어울리게 변하고, 그들은 거룩함의 실체와 만나는 내부적 울림

에 반응한다. 물론 그들이 태엽을 감아 놓은 인형 같다는 뜻은 아니다. 예전학
자 로버트 호브다(Robert Hovda[1920-1992])는 이렇게 말한다.

> 경건은 뻣뻣하고 점잖은 것이 아니다. 반대로, 그런 덕목들은 자기 과시와 젠
> 체하는 것인데 경건과는 상반된다.[7]

예배학 교수인 고든 라쓰롭(Gordon Lathrop[1939-])은 그의 저명한 책 『거
룩한 것들』(*Holy Things*)을 통해 예배에서 거룩함을 경험하는 열쇠는 어색함과
편안함 사이의 긴장을 유지하는 것이라고 제안한다.[8]

한편으로 예배는 우리의 고향 같아서 편안함을 느끼게 한다. 우리는 하나
님의 사람들이고 성전은 친숙한 장소이다.

다른 한 편으로 너무 익숙해진 나머지 은혜에 감격할 공간을 상실해서는
안 된다. 너무 편안함을 느낀 나머지, 우리는 그저 우리가 만들지 않은 경이로
운 땅을 여행하는 순례자이며 이방인이라는 사실을 잊어서는 안 된다. 이러
한 긴장을 유지할 수 있는 예배 인도자는 예배를 신비롭게 만들어 준다.

예배에서 어색함과 편안함 사이의 긴장의 예를 한 번 들어 보자.

바로 성경봉독 시간이다.

신비함을 전달하기 위해서 어떻게 성경을 읽으면 좋겠는가?

두 가지 오해가 있을 수 있다.

---

7 Robert W. Hovda, *Strong, Loving, and Wise: Presiding in Liturgy* (Washington: Liturgical Conference, 1976), 75.
8 Gordon W. Lathrop, *Holy Things: A Liturgical Theology* (Minneapolis: Fortress, 1993), 제5장, 특히 119-127.

첫째, 맹신적인 요소를 제거하고 싶어하는 인도자들은 성경을 가볍게, 심지어는 별거 아닌 듯이 읽는다.

그들은 마치 "여러분, 긴장 푸세요. 이건 그냥 책일 뿐이에요" 혹은 더 파격적으로 "저를 보세요. 성경을 읽는 것 말고, 제가 중요합니다"라고 시위하는 듯하다. 거룩한 것에 대해 지나치게 친밀하게 느끼는 이러한 행태는 좋게 보면 어설프기 짝이 없는 것이고, 나쁘게 보면 악한 것이다.

둘째, 어색함에 지나치게 강조를 둔 경우도 볼 수 있다. 마치 마법사의 손수건이라도 되는 양 성경책을 다루면서 의도적으로 공중을 향해 한 번 들었다가 놓는 것은 의미 없는 겉치레일 뿐이다.

좋은 방법은 인도자가 성경을 적당히 친밀하게 여기는 것이다. 은혜를 받은 공동체의 일원으로서 감사하며 성경을 펴고 이 안에 담긴 이야기를 잘 아는 즐거움으로 읽어 내려간다. 동시에 타자성과 신비함의 상징으로서의 성경을 인지하고 어떤 새로운 일이 일어날지 모르는 기대감으로 본문에서 오는 예기치 못한 기쁨에 놀랄 준비를 하면서 경외함을 가지는 것이다.

인도자의 경건함 외에 예배 안에서 신비함을 드러낼 수 있는 도구는 무엇이 있는가?

본당에 앉는 위치에서부터 고요하게 기도하는 등의 많은 방법들이 있다. 예일대학교의 실천신학자 제임스 디테스(James Dittes[1926-2009])에 의하면 우리는 사람들이 본당 앞자리부터는 잘 앉지 않는 행태에 대해 농담처럼 말하지만, 그것 역시도 "거룩함에 대한 경외심"의 암묵적인 표현일 수 있다.[9]

비크너는 화물선을 타고 대서양을 여행할 때 그가 배웠던 거룩함을 인지하

---

9 James E. Dittes, *The Church in the Way* (New York: Scribner's, 1967), 332-339.

는 방법에 대해 말해준다. 빨간 머리의 차석 항해사가 야간 항해를 하며 캄캄
한 바다에서 비치는 다른 배들의 불빛들을 보고 있었다. 그러면서 그는 비크
너에게 수평선에 있는 빛들을 보기 위해서는 그 빛을 직접 보면 안 되고, 그보
다 조금 위를 봐야 한다고 말해 주었다. 그 때 비크너는 생각했다. 그와 같이
우리 삶에 나타나는 거룩함을 인식하는 방법도 정면을 바라보는 것이 아니
라, "조금 위, 혹은 조금 떨어진 곳"을 보는 것이다.[10]

직접 거룩함을 응시하지는 못하더라도 우리는 예배 안에 있는 다양한 요소
들을 통하여 간접적으로 그 증거를 볼 수는 있다. 장엄한 입례와 웅장한 몸짓
을 통해, 성찬상을 둘러서서 손을 잡고 하는 기도 가운데, 본당 조명을 이용하
여, 흥미진진한 설교와 성가대의 진실한 찬양, 혹은 침묵의 시간 등 많은 교회
들이 다양한 방법으로 신비함을 표현한다.

그 모양새와 상관없이, 또 교회의 규모나 예배 형식에 상관없이, 활기찬 예
배를 하는 모든 교회들에는 예배자들이 혼자 있는 것이 아니라 신비함의 임
재 안에 있음을 알게 해 주는 순간이 반드시 있다. 얼마나 많은 교회들이 예
배에서의 초월성을 잃어버리고 있는가에 대해 루터교 신학자인 조셉 시틀러
(Joseph Sittler[1904-1987])는 이렇게 말한다.

> 필요한 것은 주일 아침 따분함과 천박한 수다를 가지고 주일 아침에 오
> 는 성도들의 삶 아래 아주 얇게 포진된 경이, 공포, 난해함이라는 잃어버
> 린 영토에 집중 포화를 가하는 것이다. 그 공격은 성경 지식, 신학적 감각
> (acumen), 무한성이라는 무기를 가지고, 그저 교회에 오는 사람들의 삶에 가
> 해지는 것이다.

---

10 Frederick Buechner, *The Magnificent Defeat* (New York: Seabury, 1966), 79-80.

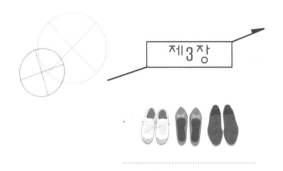

사람들은 왜 예배에 오는가?
소속감

『오직 미국에서만』(Only in America)의 저자이기도 한, 유대인 저널리스트이자 이야기꾼인 해리 골든(Harry Golden[1902-1981])은 전에는 유명한 에세이 작가이자 연설가로도 알려졌었다. 한 에세이에서 그는 어렸을 적에 아버지의 종교적 습관 때문에 의아해 했었던 이야기를 했다.

그의 아버지는 자주 공개적으로 자신의 불가지론에 대해 설파하면서도 지역 회당 모임에 한번도 빠지지 않았던 것이다. 기도의 집의 문이 열릴 때마다 골든의 아버지는 거기 계셨다. 십대가 되었을 때 그는 마침내 아버지의 위선에 맞설 수 있는 용기를 내게 되었다.

"아버지는 항상 신이 있는지 의심한다고 하시죠?"

젊은 골든이 쏘아댔다.

"그러면서도 회당에 계속 가시잖아요.

왜죠?"

"사람들이 회당에 가는 데에는 많은 이유가 있단다."

그의 아버지가 대답했다.

"실버버그를 봐라.

그는 하나님과 이야기하기 위해 가지?

나?

나는 실버버그와 이야기하기 위해 간단다."

사람들은 왜 예배에 오는가?

활기차면서도 경건한 예배에서는 하나님과의 소통과 공동체라는 인간의 깊은 두 가지 욕구가 만난다는 사실을 앞 장에서 보았다. 골든의 아버지와 관련된 풍자적 이야기는 이 중 두 번째 욕구를 지적하는 것이다. 사람들은 하나님의 임재 안에 거하기 위해서만 예배에 오는 것이 아니라, 나의 이름을 알고 악수를 하고 환영해 주는 다른 사람들이 있기에 오기도 한다. 우리는 "하나님과 대화"하기 위해 예배에 오지만 "실버버그와 대화"하기 위해 오기도 하는 것이다.

교회는 이 사실을 잘 알고 있다. 애찬식, 수련회, 바느질 모임, 청년부 모임, 여선교회, 남전도회, 구역 모임, 오늘날의 소그룹운동까지 교회는 사람들을 모으는 방법으로 하나님과 교제하는 것 외에 동료애와 소속감에 대한 열망을 주는 방법도 발전시켜 왔다.

1. 하나님과 공동체는 경쟁 상대인가?

하지만 최근에는 문화는 변하는 것이라는 사실과 하나님과 인간 사이의 교제라는 두 개의 욕구가 경쟁적이거나 최소한 그 둘이 연관되어 있지 않다는 생각이 가속화되고 있다.

사람들은 이제 공동체와 엮이는 일 없이 하나님만을 원하거나, 하나님과 동떨어져 공동체만을 원하는가?

사회비평가들은 문화적 흐름이 실제로 어디로 흐르는지 판단할 수 없는 것처럼 보인다.

현대인들은 영적인 문제와 온갖 종교적 질문들에 대해서 엄청난 관심을 가지지만, 그 일을 위해서 다른 이들과 함께 하는 것에는 점차로 관심이 적어진다는 입장을 고수하는 사회학자들이 한쪽 진영을 차지한다. 환언하면, 하나님 편은 원하지만 공동체와 관련되는 편은 원하지 않는다는 것이다. 공동체를 떠나 하나님 쪽으로 옮겨간다는 것은 종교는 "쿨"(cool)한데, 교회는 "썰렁"(cold)하다고 하는 것만큼이나 명백한 역설이다.

한편으로는 여전히, 매우 높은 수준의 열정적인 종교적 관심이 있다는 증거들이 있다. 종교 관련 서적의 판매가 현저하게 증가하고, "뉴 에이지"와 동양 종교 등에 대한 관심이 고조되고, 여론조사에서는 많은 이들은 종교를 가지고 있다고 표시하며, 사람들은 종교적인 언어와 개념을 사용한다. 다른 한편으로는, 지난 50년간 주요 교단에 속한 교회의 수가 급격하게 줄어들었다. 교인수와 예배 참석 인원이 급감했다.[1]

둘을 종합해보면, 영적으로 갈급하여 하나님을 찾는 한 외로운 순례자가

---

1 이상하게 들릴 수도 있지만, 미국에서 시행되는 방문조사 혹은 전화조사는 지난 반세기 동안 예배 참석자들의 수가 놀라우리만큼 안정을 유지했다는 결과를 보여준다. 하지만, 일주일 내내 교회에 가는 것을 단지 "기억"하는 사람들과 회중석에 앉아 있는 실질적인 예배자들을 동일하게 취급할 수는 없다. 누군가 분석했듯이, 고상하게 말하자면 미국인들은 교회에 관련된 사회학자들의 질문에 긍정적으로 대답하려는 성향이 있다. 조사에 임한 어떤 이들은 실제보다 50퍼센트 정도는 긍정적으로 답변이 나왔다고 생각한다. Alan Ryan, "My Way," *New York Review of Books*, XLVII/13 (Aug. 10, 2000), 47–50을 보라.

전통적 방식이나 전통적 종교 공동체에서는 그 갈급함을 해소 받지 못하는 그림을 그려볼 수 있다. 요컨대, 그들은 하나님과 대화하기를 원하지만, 실버 버그와 함께 그 일을 하고 싶지는 않은 것이다.

몇 해 전, 50년대 후반부터 60년대 초반에 선벨트(Sunbelt)[2]지역에서 유행했던 한 자동차 극장식 교회를 방문한 적이 있었다. 이 교회의 본당은 통유리로 되어 있어 스피커를 갖춘 주차장을 내려다 볼 수 있었다. 예배자들은 예배하기 위해 안으로 들어오든지 자신의 차 안에서 개인적으로 창문을 통해 예배 현황을 보고 카스테레오를 통해 설교를 들을 수 있다.

그 교회의 목사는 그가 다시는 하지 않을 어떤 시도에 대해 말해 주었다. 차 안에 머물러 있는 사람들이 예배에서 소외되고 있다는 생각을 한 그는 어느 주일, 차에서 나와 서로에게 평화의 인사를 하라고 제안하였다. 이 제안에 거의 대부분의 사람들은 시동 켜는 소리와 끼익 대는 타이어 소리로 화답하였다. 공동체에 대해서는 관심이 없었다.

단절되어 있으면서도 영적으로 자유롭다고 생각하는 이러한 상태에 대한 개념은 제도적 삶과 공적 의무의 약화라는 보다 포괄적인 이론으로도 설명이 가능하겠지만, 어느 누구도 정치과학자이자 『나홀로 볼링』(*Bowling Alone: The Collapse and Revival of American Community*)의 저자인 로버트 퍼트넘(Robert Putnam[1941-])보다 이 개념에 대한 증거를 매력적이고 도발적으로 제시한 사람은 없었다.[3]

---

2   미국 남부를 가로지르는 지역. 북부지역보다 일조량이 많아 이렇게 부른다.

3   Robert Putnam, *Bowling Alone: The Collapse and Revival of American Community* (New York: Simon & Schuster, 2000).

퍼트넘은 경제가 통화에 의존하듯이, 사회는 공적 신뢰, 자발성, 타인과 협조하려는 의지, 그리고 공공선을 이룩하기 위해 사람들에게 동기를 부여하는 공동비전 같은 "사회 자본"(social capital)에 의존한다고 한다. 그는 모든 사친회(PTA) 회원권, 주요교단 교회 회원권, 노동조합 회원권 같은 가시적 사회 자본 지수가 지난 40년 간 서서히 감소했다고 주장한다.

그가 제시하는 분명한 증거 중 하나는 지난 40년 간 정기적으로 볼링을 치는 사람들은 엄청나게 증가했지만, 볼링클럽에 속한 사람들은 눈에 띄게 줄었다는 것이다. 종교를 포함한 삶의 전 영역에서 미국인들은 "볼링"을 치지만, 그들은 "혼자서" 볼링을 친다.

아이러니하게도, 사회학자들은 개인화된 종교를 많이 강조하면서 사회적 협약에 대해서는 그렇지 않은 반면, 어떤 교회의 지도자들은 정반대의 길을 추구한다. 그들은 교회를 성장시키고 싶다면 친밀함은 강조하고 종교성에 대해서는 공공연하게 무시하라고 한다.

그들은 특히 베이비붐 세대와 그 이후 세대에게서 친밀함에 갈급한 문화가 있음을 주목한다. 그 문화는 하나님에 대해 말하기를 주저하고, 격식을 갖춘 예전(liturgy)의 신비로부터는 거리를 두며, 이곳저곳 교회를 돌아다닌다. 그래서 이 지도자들은 이러한 욕구를 아우르는 교회를 경험할 수 있도록 치밀하게 디자인한다.

초월적인 것을 거부하는 움직임에 대해 누군가는 이렇게 표현한다.

> 첨탑도 없고, 십자가도 없고, 성가대 가운도 없고, 성직자 예복도 없고, 딱딱한 장의자도 없고, 무릎 꿇는 이도 없고, 난해한 성경 구절도 없고, 암송

기도문도 없고, 불과 유황도 없고, 엄중함도 없다. 수백 년간 지속되어 온 크리스천들의 문화는 버려졌고, 새롭고 한시적인 예배와 소속감이 그 자리를 차지했다.[4]

친밀함 중심의 지도자들은 이런 문화로부터 사람들을 예배의 자리에 나아오게 하고자 한다면, 교회 앞마당에 "거룩한 신비를 만나 보십시오"가 아니라, "서로 알고, 환영 받고, 사랑 받기 위해 오세요"라는 간판이 있어야 한다고 말한다.

고속 성장을 하는 남서부의 한 교회의 목사이자 새로운 형태의 예배 권위자인 티모시 라이트(Timothy Wright[1947-2009])는 이렇게 말한다.

사람들은 친밀함을 간절히 원한다. 그들은 자신의 존재가 알려지기를 원하며 사랑 받기를 원한다. 그들의 모습 그대로를 누군가가 사랑해 주고 용납해 주기를 바라면서 교회에 온다. 그들은 따뜻하고 개방적인 환경에 가치를 둔다. 친밀함을 양산해내는 예배가 그들을 지배한다.

라이트는 사람들이 개인적으로는, 그리고 내면적으로는 "하나님을 알기" 원한다고 믿는다. 하지만 당장의 욕구는 사람들과 관계를 맺는 것이다. 그래서 라이트가 예전적 예배라고 부르는, 노골적으로 하나님께 집중된 예배는 친밀함에 대한 갈급함의 적이 된다.

라이트는 예전적 예배의 문제는 "사람에게 집중하는 것이 아니라, 하나님

---

4   Trueheart, "Welcome to the Next Church" (Internet version), 1.

게 집중"하는 것이고 "요즘 사람들이 가치를 두는 관계적 친밀함의 결핍"이라
고 지적한다.[5]

한마디로, 사람들은 주로 존재 부각과 따뜻한 관계 형성 때문에 예배에
오는데, 초월성에 대한 과다한 강조는 사람들을 겁먹게 해 내쫓는다는 것이
다. 라이트가 제시하는 해결책은 명찰이라든가 부르기 쉬운 노래, "격의
없는 기도" 같은 관계적이고 친밀한 요소들을 더함으로서 예배를 "따뜻하
게" 만드는 것이다.[6]

실제로 윌로우크릭교회나 윌로우크릭을 따르는 많은 교회들이 이러한 친
밀함의 외침에 대한 반응으로 강력한 소그룹 사역을 발전시켜 왔다. 찰스 트
루하트(Charles Trueheart[1951-])는 "이러한 그룹들은 향기는 크리스천이지만
그들의 외피는 사회성이다"라고 지적한다.[7]

2. 무엇을 해야 하는가?

하나님에 대한 필요와 공동체에 대한 필요가 단절되어 있다면, 예배 기획
자로서는 무엇을 해야 할지 모르는 난감한 일이다. 하나님에 대해 갈망하지
만 그들의 영적인 궁금증에 관해서만 간섭받기를 원한다면, 예배는 그러한
욕구에 반응하기 위해서 명상적이고 신비한 요소들은 강조하면서 제도적이
고 공동체적인 요소들은 최소화하게 된다.

---

5 Ibid., 37.
6 Ibid., 38–49.
7 Trueheart, "Welcome to the Next Church" (Internet version), 15.

하지만 이러한 전략은 결국 교회는 교회이다라는 피할 수 없는 사실에 직면하도록 만든다. 교회가 기본적으로 예배와 전도를 위해 함께 모이는 제도적 구조를 가진 사람들의 모임이라는 사실은 부정할 수 없는 진리이다.

회중 예배는 개인적 예배와 내면적 영적 질문의 해소와는 다르다. 함께 하는 찬양과 기도는 타인에 대한 인식을 고취시키고, 타인에 대한 인식은 사회적 윤리적 기대와 요구를 노출시킨다. 오랫동안 교회를 다닌 사람 옆이든지 새 신자 옆이든지 단지 동시에 기도하는 것이 아니라 함께 기도한다는 생각, 즉 어떤 면에서 우리는 서로에게 속해 있으며 서로 간에 책임이 있다는 생각이 없이는 같이 앉아서 기도할 수 없다.

또 다른 면에서, 만약 사람들이 다른 이들과의 교제는 원하면서 "하나님께 집중"하는 예배와 하나님에 대한 공적인 대화를 거부한다면, 그들이 예배 안으로 점진적으로 들어올 수 있도록 편안하게 해 주는 전략을 개발할 수 있다. 친밀함을 추구하는 사람들을 위해 예배를 디자인할 수 있다. 친근하게 이름을 불러주는 것이 강조될 수 있고, 방문자를 환영해 주고, 신속히 소그룹에 편성할 수 있다.

예배의 초월성과 수직적인 요소는 수평적인 요소를 강조하기 위해 잠시 침묵할 수 있다. 하나님에 대한 이야기와 신학적인 용어들은 즉각적으로 삶에 적용할 수 있는 메시지로 바뀔 수 있고, 종교적 열심은 보다 급한 이러한 친밀감의 욕구가 충족될 때까지 잠시 미루어 둘 수 있다.

물론 이러한 방식은 우리가 제1장에서 "윌로우크릭 군단"의 깃발 아래 분류했던, 때로는 "구도자 중심" 교회라고 불리는 수많은 교회들에서 적용되었던 것이다. 하지만 이제 우리는 이런 접근 방식에 대해, 그런 교회들은 얕은 물가에서 뛰어다닌 것이라고 말할만한 충분한 경험을 가지고 있다.

구도자 중심의 대형 교회를 정기적으로 출석한 30대의 한 남자는 이에 대한 전형적인 평가를 내린다.

> 처음에는 정말 대단했죠. 장로교회에서는 경험할 수 없었던 따뜻함을 느꼈어요. 사람들이 내 이름을 알고 있었고, 정말로 환영 받고 있다고 느끼게 해 주었어요. 예배는 기쁨이 넘쳤고 실생활에 적용할 수 있는 것들을 제공해 주었어요. 하지만 시간이 지나면서 점차로 식어졌고, 나중에는 완전 메말랐죠. 그 이유는 정말 모르겠어요. 그냥, 늘 똑같았어요. 난 더 깊은 무언가를 원했어요.

샐리 모겐샐러(Sally Morgenthaler[1954-])는 강한 전도적 관점에서 쓴 『전도적 예배: 불신자들을 하나님의 임재로 초대하기』(Worship Evangelism: Inviting Unbelievers into the Presence of God)[8]에서 수평적이면서 구도자 중심, 이벤트 중심의 예배 때문에 탈진해 버린 몇몇 교회들과 목회자들을 언급한다. 모겐샐러가 인용하는 한 목회자는 다음과 같이 말했다.

> 우리가 제공하는 구도자를 위한 이벤트는 어떤 구도자들에게는 만족을 주지 못했어요. 그들은 보다 '영적인' 것을 원했어요.[9]

그녀는 또한 빈야드 교회 목사인 스티븐 위트(Stephen Witt)의 말도 인용한다.

---

8 본서는 이 책은 샐리 모겐샐러, 『이것이 예배다』(Worship Evangelism: Inviting Unbelievers into the Presence of God), 임하나 역 (서울: 비전북출판사, 2006)로 번역되었다.

9 Morgenthaler, Worship Evangelism, 78.

지난 몇 년간 나는 우리 교회를 구도자들이 편안함을 느끼는 "구도자에게 민
감한" 교회를 만들기 위해 일했어요.... 방문자들은 문화적으로 적절한 설교
와 함께 함축적이지만 양질의 시간을 예배를 통해 가졌지요.... (하지만) 우리
는 성령님을 어떻게 환영할지에 대해서는 충분히 생각하지 못했어요.[10]

3. 신학적 조사

인간의 필요에 진정으로 반응하는 예배를 계획한다면, 한 걸음 물러서서
하나님과 공동체에 대한 두 가지 갈급함의 관계를 신학적으로 보아야 한다.
앞에서 언급했듯이 사실 인간은 하나님에 대한, 그리고 공동체에 대한 갈급
함을 모두 가지고 있다.

보다 정확히 표현하면, 우리는 공동체 **안에서** 하나님에 대해 갈급해 한다.
창세기는 "사람이 홀로 있는 것이 좋지 않다"라고 선언한다. 처음부터 인간은
홀로 창조된 것이 아니라, 타인과의 교제를 통하여 하나님을 만나도록 하나
님과의 그리고 사람과의 관계 안에서 창조된 것이다.

귀 기울여보면 공동체에 속한 채 하나님에 대해 갈망하는 외침을 들을 수
있다. 하지만 아주 신중하게 들어야 한다. 내면의 소리에 주의하면서, 침묵이
지시하는, 말로는 표현할 수 없는 것에 대한 민감함을 가지고서 말이다. 왜냐
하면 현대인들은 그들의 가장 깊은 종교적 필요를 언어나 생각의 범주로 설
명하는 데 있어 종종 어려움을 겪기 때문이다.

---

10 Ibid., 77–78.

하나님, 영성, 공동체, 그리고 자기 자신에 대한 개념 자체가 줄어들었으니, 거대한 갈급함에 대해 작은 목소리로 말하는 것이 이상한 일도 아니다. 사람들은 그저 친근한 소그룹을 만나면 만족해 하고, 좋은 공동체 안에서 하나님을 만나고자 하는 자신의 갈망을 말할 수만 있어도 희열을 느낀다.

사회학자인 리차드 세네트(Richard Sennett[1943-])의 표현에 의하면 우리는 "친밀한 사회"[11]에 살고 있다. 개인을 기본 단위로 하는 사회 질서는 지난 두 세기 동안 발전해 왔고, 개인의 가치는 사적이고(private), 내면적인, 친밀한, 심지어 로맨틱한 용어들로 정의되었다. 그렇다면 사람들이 커다란 문제들을 친밀한 용어에 의존해 설명하고자 하는 것도 이해할 만하다. 이것은 우리 시대에 기본 설정(default-drive)된 용어이다.

즉, 하나님과의 교제에 대한 필요를 말할 때도 "영적으로 더 조율(at-tuned)되는 것"을 원한다든지, "중심"이 되고자 하는 욕구라든지, "영적인 자신"을 가지고 싶다든지, "하나님과 개인적인 조화"를 이루기 원한다든지 하는 작고 개성적인 표현으로 하고자 한다. 이러한 언어들은 친밀함과 개인적 관계의 용어이다.

우리는 "하나님께 가까이" 있기를 원하며, "매 순간 하나님을 경험"하기를 원하고, "하나님과 하나되는 느낌"을 원하며, "하나님 안에서 발견"되기를 원한다. 그리고 우리는 이러한 일들을 홀로 하기를 원하거나, 백번 양보한다 해도 영적으로 같은 상태에 놓인 몇몇 사람들과만 함께 하기를 원한다.

---

11 Richard Sennett, *The Fall of Public Man: On the Social Psychology of Capitalism* (New York: Random House, 1978), 257ff. Patrick R. Keifert, *Welcoming the Stranger: A Public Theology of Worship and Evangelism* (Minneapolis: Fortress, 1992), 16–26에 나오는 세네트의 뛰어난 대안을 보라.

같은 방식으로, 공동체에 대한 필요를 말할 때에도 우리는 친밀함의 용어들을 사용한다. 우리는 "있는 모습 그대로" 용납되기를 원한다. "사랑 받기" 원하며, "정신적 일치," "상호 이해," 그리고 "정직과 신뢰"로 대접받기를 원하고 타인에 의해 "따뜻하게 수용되고 포용되기"를 원한다.

친밀함의 용어들의 큰 문제는 인간이 가지는 무거운 짐과 필요들을 완전히 표현해주지 못한다는 데에 있다. 하나님과의 그리고 타인과의 관계는 넓고, 깊고, 복잡한 문제이다. 그러한 관계들에 대한 묘사를 사적, 내면적, 친밀함을 나타내는 용어들에서 빌려와 가볍게 만들어 버리면 이러한 관계의 중대함이 우리의 시야를 벗어나 버린다. 더욱이, 하나님과의 친밀함이든 사람과의 친밀함이든 혹은 둘 다 이든, 예배의 목적을 단지 친밀함으로만 생각한다면 예배의 의미를 약화시키는 결과를 가져오게 된다.

예를 들어, 현대적 예배 기획을 설명하는 한 책은 예배에서 하나님과의 만남에 대한 갈급함을 이렇게 묘사한다.

> 사람들을 교회로 오게 만드는 요소들 중에서도 종교적 체험에 대한 갈망이 가장 압도적이다.... 하나님과의 체험적인 만남에 대한 이러한 갈망은 때로 종교적 활동에 결정적인 역할을 하기도 한다.... 개인적으로 혹은 공동체 안에서 하나님과 직접 만나는 신앙의 체험적 요소는 현대 예배에 있어서 필수이다. 그 형태가 사색적이든 혹은 겉으로 드러나든 신앙은 만남을 가져야 하는데, 아주 원초적이고 감정적인 수준의 만남을 가져야 한다. 하나님에 대하여 이야기하는 것으로는 충분하지 않다. 이 관계는 반

드시 바로 지금 실제로 일어나야 한다.[12]

"하나님과의 체험적인 만남," "하나님과의 직접적인 만남," "아주 원초적이고 감정적인 수준의 신앙," "바로 지금 실제로 일어나는 하나님과의 관계" 등의 표현을 주의하여 보라.

성경적인 증거를 찾아보기 전에는 매우 멋져 보이는 말들이다. 물론 성경에는 "하나님과의 직접적인 만남"에 대한 이야기들이 있다. 하지만 그것은 친밀함이나 온화하고 부드러운 긍정적인 가치를 지닌 것들이 아니다.

때로 이러한 만남은 인간으로 하여금 거룩한 임재 앞에서 얼굴을 땅에 묻게 만들고, 두려운 신비(*mysterium tremendum*) 앞에서 경외와 경이함 가운데 떨게 한다. 또한 성경에 나오는 하나님과의 만남은 대부분 얼굴을 대면하여 보는 직접적인 만남이 아니라, 선지자와 제사장, 이상과 표적, 꿈과 환상, 공동체 생활과 사도들의 설교를 통한 간접적인 것들이었다.

물론 성경은 "바로 지금" 하나님이 경험되는 시간들에 대해 이야기하지만, 또한 성경은 하나님의 얼굴이 인간의 시야 밖에 숨어 계시거나 하나님의 임재가 즉시로 느껴지지 않는 시간들에 대해서도 말씀하고 있다. 구약성경에서 숨어계시는 하나님 사상은 여호와 신앙을 바알 및 가나안의 풍요의 신 숭배와 분리하는 하나의 특징이다. 바알은 언제나 나타나며, 언제나 강력한 종교적 체험을 제공할 준비가 되어 있다.

신학자 헨드릭스 벌코프(Hendrikus Berkhof)의 말을 들어 보자.

---

12 Tim and Cathy Carson, *So You're Thinking About Contemporary Worship* (St. Louis: Chalice, 1997), 31-32, 이탤릭체 강조는 원본에 있던 것이다.

바알의 임재는 가시적이고 그의 축복은 언제나 예상 가능하다. 게다가, 사람들이 원할 때는 신의 임재를 이끌어낼 수 있는 마술적 도구들이 있었다. 이러한 풍요의 종교와 비교할 때 여호와 신앙은 초라해 보인다.[13]

한 마디로, 매 예배마다 거룩함과의 친밀한 만남을 원하거든 바알의 신당으로 가라.

진실하시고 살아계신 여호와 하나님은 임재의 경험에서 때로는 뒤로 물러서신다. 하나님이 언제나 우리를 감동시키시는 것은 아니며 우리를 감동시키는 모든 것이 하나님은 아니다.

따라서 예배에 대해 생각할 때 우리에게 필요한 것은 존중하는 마음으로 문화의 소리를 들을 수 있도록, 그리고 통찰력과 더 깊은 이해를 가지고 문화를 통하여 들을 수 있도록 신학적 청각을 날카롭게 다듬는 것이다. 문화의 소리를 들을 때, 하나님을 향한 그리고 공동체를 향한 갈망의 소리를 듣게 될 것이다.

비록 그것이 너무나 작고 개별적이며 모순덩어리의 언어에 담겨있다고 할지라도 말이다. 문화를 통해 소리를 들을 때에는 사람들은 말하는 것보다 더욱 진정한 공동체와 살아계신 하나님에 대해 갈급해 한다는 사실을 알게 될 것이다.

---

13 Hendrikus Berkhof, *Christian Faith: An Introduction to the Study of the Faith* (Grand Rapids: Eerdmans, 1979), 17.

4. 친밀함에서 환대로

그러므로 예배를 기획할 때 우리는 친밀함(intimacy)의 범주를 보다 깊은 신학적인 개념인 "이방인들을 위한 환대"(hospitality)로 대체해야 한다. 퀘이커 교도이자 교육학자인 파커 파머(Parker Palmer[1939-])는 자신의 책 『이방인들의 친구』(*The Company of Strangers*)에서 우리 시대의 "친밀함의 이데올로기"를 비판한다.

이는 삶의 목표가 주체성과 개별성의 발전이라는 한 가지 생각과 이러한 발전은 오직 따뜻하고, 친밀하고, 내면 지향적인 관계 안에서만 이루어진다는 또 다른 생각을 함께 인정하는 자세들의 집합체일 뿐이라는 것이다.[14]

신학자 패트릭 카이퍼트(Patrick Keifert[1950-])는 『이방인 환영하기: 예배와 전도에 대한 공공신학』(*In Welcoming the Stranger: A Public Theology of Worship and Evangelism*)에서 파머의 비판에 더하여 이 "친밀함의 이데올로기"가 예배에 끼칠 수 있는 피해에 대해 공격적인 평가를 내린다. 개인적이고 친밀한 이미지들을 예배 기획에 가져올 때, 그런 시도는 교회를 그저 따뜻하고, 친근하며, 가족 같은 분위기로만 만드는 부메랑으로 돌아오게 된다고 카이퍼트는 다음과 같이 주장한다.

> 사적 영역을 공적 영역에 투영하는 것으로 이는 교회 안팎에 있는 이방인들을 배제하는 것이다.

---

14 Patrick Palmer, *The Company of Strangers* (New York: Crossroad, 1981), 17-35.

카이퍼트는 교회들의 예배에 대한 이해를 친밀함이라는 불충분한 개념 대신 "이방인들을 환대함"이라는 성경적 개념으로 대신할 것을 촉구한다. 그는 다음과 같이 말한다.

> 이방인들을 환대한다는 것은 공적으로 타인을 대할 때 친밀함, 따뜻함, 가족적이라는 말 대신, 지혜, 사랑, 그리고 정의롭게 할 것을 내포한다.[15]

이방인들을 환대한다는 말을 보다 실제적으로 적용해 보기 위해 당신이 교회 정문에서 사람들을 맞이하는 안내위원 중 한 명이라고 상상해 보라.

방문객들이나 외부인 등 당신이 누군지 알지 못하는 사람들이 출입구를 향해 온다.

그 사람들을 어떻게 대할 것이며, 그들에 대한 당신의 책임은 무엇인가?

이 사람들이 당신과 그리고 공동체와 만나야 하는 친밀함에 대한 욕구를 가지고 온다는 사실이 이 사람들에 대해 당신이 알 수 있는 가장 중요한 문제라고 생각하는가?

그들이 "누군가가 그들을 사랑해 주고 그들 그대로를 용납해 주며 따뜻하고 개방적인 분위기를 기대하며" 여기에 왔다고 생각하는가?

그런 생각은 외람된 것이고 신학적으로는 고지식한 것이다. 그런 생각은 방문객들이 정확히 당신과 같다고, 그들과 당신 사이에는 어떠한 차이도 없다고, 그리고 가능한 최고의 목표는 당신이나 교회의 다른 성도가 그들과 친구가 되고 그들을 개인적인 공간으로 초대하는 것이라고 가정하는 것이다.

---

15 Keifert, *Welcoming the Stranger*, 80.

하지만, 실제로는 그들은 당신과 같지 않다. 사실 그들은 당신과 전혀 다를 것이다. 그들은 외부인이다. 그들은 낯선 사람들이다. 그들은 다르다. 외부인이기 때문에 그들은 교회가 가지지 못한 선물과 지혜를 가지고 온다. 낯선 사람들이기 때문에 그들은 도전과 잠재적 위험을 가지고 온다.

그들은 어쩌면 받아들이기 힘든 사람일 수도, 교회에 지장을 주는 사람일 수도, 심지어 폭력적인 사람일 수도 있다. 당신의 교회가 감당할 수 없는 재정적인 혹은 다른 필요를 가지고 있는 사람일 수도 있다. 그들이 선물을 가지고 왔건 위험을 가지고 왔건, 교회는 이들을 환영해 주어야 하며, 당신은 이 사역의 최전방에 서 있다.

환대함은 현대적 개념의 친밀함과 자기만족적 우정의 얕은 한계를 훌쩍 넘는 것이다. 마므레의 상수리나무 곁에 살았던 아브라함과 사라처럼 우리는 이방인들이 우리의 지경에 들어왔을 때 그들에게 환대를 베풀도록 명령받았다. 우리의 집과 식탁, 그리고 하나님의 집과 식탁을 이방인들에게 열어주어서 그들에게 안전한 잠자리와 음식, 얼굴을 씻을 시원한 물과, 축복의 기름, 그리고 영혼의 쉼터를 제공하도록 명령받았다.

그래서, 당신이 교회 출입구에서 방문자들을 환대하고 있을 때 당신은 단지 착한 사람이 되어 친절하게 그들을 맞이하는 것 이상의 일을 하는 것이다. 당신은 하나님의 환대를 보여준다. 교회사학자인 크리스틴 폴(Christine Pohl)은 그녀의 『손대접』(*Making Room: Recovering Hospitality as a Christian Tradition*)이라는 책에서 다음과 같이 말한다.

> 환대하는 삶은 하나님의 은혜와 친절을 알게 되는 예배에서 시작한다. 환대는 일차적으로 의무나 책임이 아니다. 사랑에 대한 반응이고 하나님이 우리

를 사랑해 주시고 환영해 주심에 대한 감사이다."[16]

3세기 교회의 교재였던 『디다스칼리아』(*Didascalia*)는 외부인이 불편함을 호소하는 아주 실제적인 상황에서 교회가 어떻게 대처해야 하는지에 대해 말하면서 환대의 중요성을 강조한다.

> 만약 지역민이건 여행객이건 궁핍한 사람, 더군다나 나이가 많은 사람이 갑작스럽게 방문하였는데 앉을 자리가 없다면, 설령 바닥에 앉아야 하더라도 목사인 당신이 진심을 다해 자리를 마련해 주어라. 그것은 인간적인 마음에서 선심을 쓰는 것이 아니라, 하나님이 기뻐하시는 사역이다.[17]

무슨 제도가 이런가?

목사나 교회 리더가 늙고 궁핍한 이방인에게 환대를 베풀기 위해 필요하다면 바닥에 앉으라니?

왜?

무엇을 말하고자 하는가?

이것은 정의에 대한 문제이다.

일요일 아침 방문자들은 "교회 쇼핑"을 하는 사람들처럼 보일 수도 있으나, 사실은 우리 모두처럼 지치고 고된 인생을 여행하는 사람들이고, 길가에서

---

16 Christine D. Pohl, *Making Room: Recovering Hospitality as a Christian Tradition* (Grand Rapids: Eerdmans, 1999), 172.

17 *Didascalia et Constitutiones Apostolorum* 2.58.6, edited by F. X. Funk (Paderborn: Scheoningh, 1905), vol.1, 168, Gordon W. Lathrop, *Holy Things*, 120에서 재인용.

베풀어지는 환대는 이들의 생과 사를 가르는 문제가 된다. 그리스도의 이름으로 친절과 환영을 베풀어 그들을 맞이하고 하나님의 집에 그들을 위한 자리를 마련해 줌은 단순한 친절이 아니라 구원하는 은혜이다.

더 중요한 것은 이것이 이방인을 위한 정의라는 사실이다. 우리가 그들에게 환대를 베풂은 그들에게 그것이 필요할 뿐 아니라, 우리에게도 그것이 필요하기 때문이다. 문 앞에 서 있는 방문자들은 우리 역시 나그네라는 사실을 보여주는 살아있는 상징이자 증거이다.

이곳은 우리의 집도, 우리의 식탁도, 우리의 음식도, 우리의 안식처도 아니다. 이곳은 하나님의 집이요 그분의 식탁이며 음식이고 안식처이다. 우리는 례자였고, 방랑자였으며, 외인에 이방인이었고, 심지어 하나님의 원수였다. 하지만 우리 역시도 환대를 받아 이 곳에 들어왔다. 라쓰롭(Lathrop)은 다음과 같이 말했다.

우리 모두는 걸인입니다. 은혜가 당신과 나 모두를 놀라게 하실 것입니다.[18]

그리고, 타인에게 환대를 베풀 때 주시는 약속이 있다. 우리가 하나님의 임재하심 안에 거하는 것이다. 주님이 제자들에게 가르쳐 주셨다.

누구든지 내 이름으로 이런 어린 아이 하나를 영접하면 곧 나를 영접함이니

(마 18:5).

---

18 Lathrop, *Holy Things*, 121.

히브리서는 우리를 재촉한다.

> 손님 대접하기를 잊지 말라 이로써 부지중에 천사들을 대접한 이들이 있었
> 느니라(히 13:2).

이집트의 수도사 예레미야(Jeremiah) 형제는 이렇게 말한다.
"우리는 어쩌면 이라는 생각에 객들을 항상 천사처럼 접대합니다."[19]

카이퍼트도 비슷한 말을 한다.

> 성경 인물들이 이방인을 대면하여 만났을 때, 그들은 단지 정확히 자기 자신
> 을 반추하게 해주는 어떤 사람을 만나는 것이 아니라, 최종적 나그네이자 완
> 전한 타자이신 하나님을 만나는 것이다.
> "주님, 우리는 그저 주보 몇 장을 들고 교회 입구에 서 있었을 뿐입니다. 우리
> 가 언제 당신을 만났습니까?"
> "나는 방문자였다. 그리고 네가 나를 환대해 주었노라."

이방인에 대한 헌신은 활기찬 교회의 예배의 두 번째 특징을 형성한다.

특징 2.
활기 차면서도 경건한 교회는 이방인을 향한 환대를 보여주기 위해 기획하고 노
력한다.

---

19 Brother Jeremiah, Alan Jones, *Soul Making: The Desert Way of Spirituality* (San Francisco: HarperSanFrancisco, 1985), 13에서 재인용.

이방인을 위한 환대 개념을 신학적으로 이해하면서 친밀함이라는 얕은 개념에서 벗어나게 되면, 예배에서 사람들을 환영해 주는 것이 단지 "친절한 교회"가 되는 것보다 훨씬 복잡한 일임을 알게 된다. 사람들이 친절과 관용으로 대우받아야 함은 마땅한 일이지만 그것이 그들에게 필요한 전부는 아니다. 그들은 환영받으며 본당 안으로 들어오고 정중하게 식당으로 안내되어야 하지만 그것이 그들에게 필요한 전부는 아니다.

사람들이 가장 필요로 하는 것은 무엇인가?

신학적인 견지에서 볼 때, 사람들은 하나님의 집 안으로 환영받아 들어오고, 이름이 불려지며, 중요한 일 때문에 자신을 하나님께 드리는 일에 동참하는 것이 필요하다. 이러한 광범위한 필요들을 세 가지로 분류해 보자.

1) 사람들은 하나님의 집 안으로 환영받으며 들어오기를 원한다

사람들을 하나님의 집으로 환영해 들이는 것은 우선적으로 건축의 문제이다. 공간 자체가 사람들을 불러 모으기도 하고 장벽을 치기도 한다. 최근에 나는 한 교회의 예배위원회와 함께 일을 한 적이 있다. 위원들은 그들 교회의 예배를 갱신하기 원했는데 특별히 방문자들을 예배에서 환영해주기 원했다. 위원들에게 자신이 교회에 처음 온 사람이라 생각하고 교회 주변을 한번 걸어 보자고 했다.

그들이 스스로를 방문자의 입장에 서서 교회 건물을 둘러본다면, 본당 정문 앞에 서서 이곳이 예배로 들어가는 입구라고 생각하겠거니 하는 것은 분명한 사실이었다. 하지만 우리가 몇 개의 계단을 올라 그 문을 보니, 닫혀있었다.

"이 문은 항상 닫혀있죠."

한 위원이 말했다.

"심지어 일요일에도."

"왜 그렇죠?"

내가 물었다.

"우리 교회 성도들은 아무도 이 문을 이용하지 않습니다."

그가 말했다.

"우리는 주차장 옆에 있는 출입구를 이용하죠."

많은 교회 건물들이 그러하다. 내부자들에게만 알려진 비밀스러운 퍼즐이나 미로와도 같다. 표지판, 안내위원, 주차 안내, 그리고 자주 있는 일은 아니지만, 재건축 계획 등이 사람들을 환영하는 건물로 만들어줄 수 있다. 어떤 활기찬 교회는 예배 시작 30분 전 교회 정문 계단에서 재즈밴드가 연주를 한다.

그것은 하나님의 잔치가 이제 곧 이 안에서 시작될 것이며 누구나 환영한다는 사인이다!

건물 내부에 대해서도 말해 보자.

목적은 이 곳이 거룩하고 중요한 이벤트가 행해지는 장소임을 알리면서 동시에 우리는 당신을 환영한다는 사실을 보여주는 것이다. 호브다(Hovda)는 이렇게 말한다.

> 방문자들이 그 교회의 예배에 압도되지 않은 채 편안함을 느낄 수 있어야 한다. 또 다른 공간이 있어야 한다는 것이 아니다. 같은 공간이 초월성과 환영함을 동시에 말할 수 있어야 한다.[20]

---

[20] Robert Hovda, *The Amen Corner*, John F. Baldovin, ed. (Collegeville, Minn.: Pueblo, 1994), 140.

교회 건물을 건축하거나 본당 리모델링을 할 때 입구나 로비를 환영의 공간으로 만들어야 한다는 생각이 점차 증가하고 있다. 밝은 조명, 대화를 할 수 있는 많은 방들과 더불어 안락하게 꾸며진 공간이 환대를 말해준다.

예배의 물리적 공간은 중요하다(이에 대해서는 제6장에서 보다 자세히 다룰 것이다). 하지만 더 중요한 것은 성도들의 자세이고 방문자들과 이방인들을 향한 목회방침이다.

호브다의 말을 계속 들어 보자.

> 하나님의 백성들이 교회에 관해 이야기를 할 때 교회가 본질적으로 교황과
>
> 사제, 교역자 등으로 이루어진 피라미드 구조를 가지고 있다고 생각한다면,
>
> 그것 역시도 공간과 각자의 방식에 의한 의사전달이다.[21]

호브다의 로마가톨릭적인 관점은 각 교단의 전통에 따라 달리 해석될 수 있다. 교회가 우리 교회라고 생각하거나 교회는 목회자 지배적인 제도라고 생각하는 것, 또는 교회는 회중이 주인이라고 생각하면서 각자가 각자의 교회를 소유하고 있다고 생각하는 것, 이러한 태도는 교회의 삶을 이방인, 즉 방문자들에게 개방하는지 하지 않는지를 보여주는 표현이다.

본서를 위해 연구한, 도심에 위치한 어느 활기찬 교회의 목사는 괴로워하고 있었다. 원래는 남부의 교외지역으로 부르심을 받았으나 지금은 북동부의 도시교회를 목회하게 되면서 첫 번째 예배를 인도했는데, 그가 전에 들었던 소문, 즉 그 교회는 죽어가는 교회라는 소문이 사실이라고 생각하게 된 것이다.

---

21 Ibid., 140.

주일에 모인 교인 수는 적었고, 그마저도 대부분 노인들이었다. 예배는 영성도 활력도 없이 맥 빠진 채 진행되었다. 모든 것이 피곤해 보였다. 회중도 피곤해 보였고, 예배도 피곤해 보였고, 심지어 오래된 신 고딕 구조의 건물마저 피곤해 보였다. 방문자는 당연히 없었다.

누가 여기에 오겠는가?

낙심한 채 그는 길 건너 커피숍으로 가 커피를 한 잔 시켰다. 커피를 마시면서 그는 교회를 바라보았다. 그의 눈은 돌계단부터 정문으로, 그리고 스테인드글라스 창문과 첨탑으로 향했다. 그렇게 그 건물을 보고 있을 때 그의 상상력은 그가 지금 보고 있는 것들을 바꾸어 놓았다. 쓸쓸하고 텅 빈 건물을 보면서 그는 하나의 커다란 문이 아닌 여러 개의 문을 가진 교회를 보기 시작했다. 큰 문과 작은 문이 있고, 정면과 측면에 그리고 뒤에도 문이 있어, 서로 다른 연령대와 조건을 가진 다양한 피부색의 사람들이 문들을 통해 교회로 흘러 들어오고 있었다.

그는 커피잔을 내려 놓고는 다짐했다.

"이 교회는 이렇게 변할 거야. 여러 개의 문들은 열려 있고, 각양각층의 사람들을 맞이하게 될 거야."

다음 주일, 그 목사는 커피숍에서 가졌던 그의 비전을 교회와 나누었고, 변화를 위한 강력한 안건들을 설명했다. 일부 타성에 젖은 목소리와 회의적인 시각, 그리고 약간의 저항도 있었지만 대부분은 그의 열정과 확신에 동조하였고, 성도들은 빈사 직전의 상태에 활기를 불어넣는 이 작업에 흥분하였다. 담임목사와 리더들은 사람들에게 다가가 그들을 초대했는데, 단지 예배에 참가하라는 것이 아니라, 예배의 핵심 요소가 되어달라는 것이었다. 음악가들에게는 연주해줄 것을 부탁하였다. 배우들에게는 성경 봉독을, 무용가들에게는 공연을 부탁하였다. 리더들은 성도들에게 그냥 예배에 오기만 하는 것이 아니라, 무엇인가를 하도록 요구하였다.

기도, 봉독, 노래, 안내, 성찬 준비 등.

목사 한 사람으로 시작된 비전이 점차로 전체 교회에게 나누어졌고, 환영과 환대의 새로운 영성이 온 교회에 만연하였다. 상징적으로 교회의 모든 문들을 열어 놓았으며, 원근 각처에서 몰려든 사람들이 주일 오전 예배를 가득 채웠다.

2) 사람들은 자신의 이름이 불려지기를 원한다

사람들은 환영을 받으며 예배 장소로 들어오기를 원할 뿐 아니라, 개인적으로도 알려지기를 원한다. 우선 이것은 방문자의 이름을 묻고 그의 이름을 불러주는 것을 말하는데, 사실은 더 깊은 의미를 가진다. 이름이 불려진다는 것은 알려진다는 것의 사인이며, 그 사람의 이야기, 가치, 재능을 발견하기 원하는 공동체로 들어간다는 신호이다.

연구된 거의 대부분의 활기찬 교회의 최전선에는 뛰어난 안내위원들이 있었다. 대부분의 교회가 안내위원을 세우지만 봉사 순서에 따라 서는 사람과 환대라는 거룩한 은사를 가지고 서는 사람은 다르다. 기억력, 인성, 친절, 타인의 필요에 대한 인식이 부족한 사람들이 있는가 하면, 친절과 더불어 처음 온 사람을 알아보고 어떻게 환영해 주어야 하는지, 그리고 방문자를 어떻게 대하면 그들이 편안하게 느낄 수 있는지를 아는 사람들이 있다.

이런 사람들이 안내위원으로 임명을 받아야만 한다. 이것이 그들이 헌신하도록 부름받은 그들의 사역이다.

교회행정의 권위자인 케논 캘러한(Kennon L. Callahan[1936-])은 자신의 책
『역동적인 예배』(*Dynamic Worship*)에서 그런 사람들에 대해 말한다.

> 과장되게 환영하거나 많은 말을 해 줄 사람이 필요한 것이 아니다. 포근하고,
> 깊은 기쁨의 영성을 가진, 긍정적이며, 격려해 주는 사람이면 된다.[22]

캘러한은 입구에 서서 모든 이들을 맞이하는 전통적인 안내위원들 외에
삼중의 정교한 구조를 가진 안내위원을 더할 것을 제시한다. 새가족 담당자
(입구 뒤쪽에서 쭈뼛거리며 들어오는 사람들을 알려주는 역할), 관계 담당자(방문자를
환영해 주고, 그를 지속적으로 환영해 줄 수 있는 기존 성도 곁에 앉도록 안내해 주는 역
할), 그리고 회중석 담당자(회중과 함께 앉아서 서너 개의 장의자들에 새로 오는 사람
들을 환영해 주는 책임을 가진 사람)가 그들이다.[23]

> 한 사람이 세 가지를 다 할 필요는 없다. 핵심은 당신이 가장 잘 할 수 있는
> 한 가지를 선택해서 그 한 가지를 잘 하는 것이다.[24]

내가 방문했던 활기찬 교회들에서 나는 항상 따뜻하게 환영받았다. 때로는
안내위원들에게, 때로는 내가 처음 온 사람이라는 것을 안 다른 누군가로부
터 말이다. 때로는 이름표를 착용할 것을 요청받았고, 다른 경우에는 앉아서

22 Kennon L. Callahan, *Dynamic Worship: Mission, Grace, Praise, and Power* (San Francis-
    co: Jossey-Bass, 1994), 16.
23 Ibid., 11-15.
24 Ibid., 15.

주위에 앉은 이들에게 내 이름을 말해 주었다.

포인트는 이것이다!

이름이 불려지고 알려졌다.

3) 사람들은 중요한 일 때문에 자신을 하나님께 드리는 일에 동참하기를 원한다

사람들이 단지 환영받기 원하고 이름이 알려지기를 원한다면 우리의 목표는 간단하다.

친절한 교회가 되어라!

그러나 본장의 핵심은 사람들이 친절함 이상을, 따뜻한 환영과 환한 미소 이상을 원한다는 것이었다. 사람들은 무언가 중요한 일을 하는 삶을 원한다. 그들은 자신을 헌신하기 위해 교회에 온다. 사람들은 다른 이들과 함께 섬기는 일을 하고 싶어하고, 하나님과 세상을 위해 가치 있는 일을 하고 싶어 한다.

상징적인 표현으로, 우리는 헌금함에 우리 자신을 넣고 싶어 한다. 어떤 이들로 하여금 평화사절단에 가입하게 하고, 급식배급소에서 일을 하게 하거나, 기아에 허덕이는 아이들을 위해 기부를 하게 하고, 해비타트에서 집을 짓는다든가, 이웃의 필요를 채우는 일들을 하도록 동기를 부여하는 그 마음이 모든 사람들에게 있다.

이기적이 되라는 내면의 소리와 탐심을 부추기는 세상 문화의 유혹에도 사람들은 여전히 위대하고 거룩한 동인에 따라 자신을 헌신하기 원한다. 사람들은 다양한 이유로 교회에 오지만, 궁극적으로 그들은 다른 이들과 함께 자신을 하나님께 드리기 위해 온다.

내가 연구한 모든 활기찬 교회들은 모두 친절하게 환영해 주었는데, 그 따뜻함은 자체로 목적이 아니라, 하나님을 위한 어떤 일, 중대한 어떤 일을 하고 있는 공동체라는 사실을 늘 강조하였다. 많은 교회들은 경기 시작 전에 하이파이브를 하고 단합을 위해 한 곳에 손을 모으는 농구선수들과 같지만, 결코 경기장 안으로 들어가 게임을 즐기지는 않는다. 하지만 활기찬 교회에서 우리는 환대해주는 공동체 안에 있으면서도 게임도 함께 즐기게 된다.

이 과제가 어떻게 성취되었는가?

부분적으로는 사역에 대해 엄청나게 강조한 덕이다. 이 모든 교회들은 분명하게 다른 이들을 위한 봉사를 하고 있었고, 이런 헌신이 광고시간이나 기도, 설교, 그리고 찬송을 통해 그들의 예배를 누비고 있었다. 이 교회들에서는 모든 사람이 지정된 방법과 장소에서 세계를 위해 기도하고 봉사하는 소그룹에 속했다는 것을 인지하며 예배에 참여하였다. 활기찬 교회에는 "사명을 위한 시간"이 따로 있는 것이 아니라, 그것이 존재의 이유이다.

활기찬 교회에서의 사명의 중요성에 대해서는 제7장에서 더 다루기로 하자.

또한 활기찬 교회는 예배의 구조를 통해 함께 하나님께 헌신하도록 사람들을 초청한다. 예배학을 배우는 학생들은 곧 알게 되겠지만, 예배는 진정 드라마요 연극이다(이것에 대한 중요성은 다음 장에서 다룬다). 햄릿이나 유리동물원(The Glass Menagerie)처럼 훌륭하게 짜여진 연극을 예닐곱 번 보게 되면 주제와 관객에게 전달하고자 하는 메시지 등, 그 연극이 무엇에 **관한** 것인지에 대한 재미를 느끼기 시작한다.

마찬가지로, 예배에 여러 차례 참여하다 보면 그 핵심 가치가 보이기 시작한다. 미묘한 문제이지만, 예배를 통해 그저 따뜻하고 친절한 공동체가 되고 한다면 그것은 누구나 할 수 있다. 하지만 그 이벤트 자체에 몰입되어 친밀함 이상으로는 나아가지 못한다. 진정한 예배가 제단으로 나아가 우리의 삶을 하나님께 드리는 것이라면, 시간이 지나야 할 수 있게 된다.

활기찬 교회의 예배에서는 우리가 파티를 위해 모인 친구들의 모임이 아니라는 사실이 드라마처럼 흐른다. 우리는 서로 알고 존중하고 높여주며 사랑하면서 함께 위대한 여행을 하는 순례자들이다. 어떤 교회에서는 그 여행이 우리를 설교단으로 인도한다. 거기에서는 우리 자신을 다른 이들과 함께 하나님께 드리도록 우리를 부르는 열정적인 설교가 전해진다. 또 다른 여행에서 우리는 은혜를 주고 받는 기쁨의 식탁으로 향한다. 다른 여행은 친절한 행위를 통해 사역하는 길거리로 우리를 인도한다.

결국 활기찬 교회의 예배는 자신들이 가지고 온 은사를 인지하고 사용하게 함으로서 자신을 드릴 수 있도록 해 준다. 어느 교회는 "십일조와 헌금"이라는 예배 순서를 드라마틱하고 강렬한 이벤트로 만들었다. 안내위원들이 헌금함을 가지고 앞으로 갈 때 회중이 그들을 따라 서서히 몸을 강단을 향해 돌리는 것이다. 헌금을 위한 기도가 드려지고 헌금함이 안내위원의 머리 위로 높이 들리자 회중 중 몇몇은 돈을 포함하여, 그러나 그것을 넘어 자기 자신을 드린다는 상징으로 손을 올렸다.

하지만 활기찬 교회들은 은사 받음을 헌금함에만 한정하지 않았다. 매 예배마다 회중의 재능과 역량들이 예배를 통해 사용된다. 이는 성가대에서 노래를 하는 것이나 성경을 봉독하는 것 이상을 포함한다. 예배의 매 순간마다 예배의 주도권이 분배된다. 회중석에 앉은 성도들은 노래하고 기도하며 성경을 읽고 증거하고 축복한다. 예배의 에너지는 강단에만 집중되지 않고 본당 전체에 가득하다. 이런 교회의 어느 목사가 말한다.

예배에서 내가 할 수 있는 가장 중요한 말이 "그럼요"라는 것을 알기 전까지는 상황이 호전되지 않았어요. 사람들은 "예배에서 부르고 싶은 노래가 있어요," 혹은 "난 예술가인데 주보디자인을 위해 무언가 해 주고 싶군요," 아니면 "도자기를 만들었는데 예배에서 사용될 곳이 있을까요?"라고 말합니다. 그럼요, 그럼요, 그럼요.

목사로서 내가 할 일은 단순하게 그럼요 라는 말을 하는 것이었어요.

이 문제를 생각하는 또 다른 방법은 "헌금," "축도," 혹은 "복"에 대해 생각하는 것이다. 헌금과 축도는 많은 예배에서 한 요소이다. 하지만 예배 순서의 한 요소라는 사실 외에 그것들은 기독교 예배의 중심 주제이기도 하다. 사람들은 헌금할 준비를 한 채 예배에 온다. 다른 이들과 함께 하나님께 자신을 드리기를 갈망하면서 말이다. 활기찬 예배는 예배 인도자가 헌금함을 돌리고 헌금을 걷고 자신의 손을 사람들의 헌금 위에 얹고는 하나님께 "그럼요, 그럼요, 그럼요"라는 축복의 말을 지혜롭게 할 때 일어난다.

Beyond the Worship Wars:
Building Vital and Faithful Worship

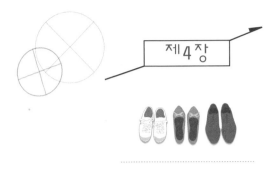

세상이 무대이다, 천국 역시

뉴욕 리버사이드교회를 목회할 때 했던 뛰어난 설교 중 한 편에서 윌리엄 코핀(William Sloane Coffin[1924-2006]: 미국 장로교 목사이자 흑인 인권 운동가 – 역주)은 매년 그랜드캐년에서 열리는 부활절 예배를 언급하였다. 매 부활절마다 태양이 지평선에서 첫 번째 빛을 보일 때, 마태복음 말씀이 봉독된다.

주의 천사가 하늘로부터 내려와 돌을 굴려 내고(마 28:2).

바로 그 순간, 거대한 바위가 절벽 끝으로 굴려지고 엄청난 소리를 내며 수천 피트 아래 콜로라도강으로 떨어지면, 2천 명의 성가대가 헨델의 메시아 중 "할렐루야"를 터뜨린다.

"너무 드라마틱한가요?"

코핀이 묻는다. 그리고 그는 "아니요"라고 단호하게 말한다.

우리는 고난의 금요일이 아닌 부활의 세상에 살고 있습니다.[1]

너무 드라마틱하다?

물론 바위가 매 주일마다 절벽으로 굴러 떨어지는 것은 아니다. 하지만 회중이 새롭고 때로는 과감한 형식의 예전을 찾아 다니는 실험적인 예배의 시대에서는 코핀의 질문이 신선하게 다가온다.

어떤 교회들의 예배는 너무 드라마틱한가?

너무 극적이고 공연 같은가?

신학자 마르바 던도 이에 대해 걱정하기는 한다. 그녀도 하나님의 깊은 임재로부터 솟아오르는 드라마와 흥분 가득한 예배를 좋아하지만, 그럼에도 그녀는 고민한다. 많은 교회들이 단지 드라마를 위한 드라마적 요소를 강조하는 예배 스타일에 굴복하고 있다고 그녀는 말한다. 그러한 교회들은 "하나님이 아닌 청중을 기쁘게 하는" 예배를 양산해 낸다고 경고한다.

또한 그녀는 "오락적인 예배는 예배의 성격을 규정하는 데에 치명적"이라고 하면서 "예배의 내용을 지나치게 단순화하거나 가볍게 만드는 것은 매우 주의해야 한다"라고 말한다.[2]

예배에 있어서 드라마틱한 요소들의 역할은 언제나 논쟁을 불러 일으켰고, 그래야만 한다. 본당의 회중석이 방청석처럼 보이기 시작할 때, 예배가 케이블 TV 쇼 프로그램의 수많은 순서처럼 구성될 때, 예배 전문 기술자들이 화

---

[1]   William Sloane Coffin, Jr., "Our Resurrection, Too," in *The Riverside Preachers*, Paul H. Sherry, ed. (New York: Pilgrim, 1978), 162.

[2]   Marva Dawn, *Reaching Out Without Dumbing Down: A Theology of Worship for the Turn-of-the-Century Culture* (Grand Rapids: Eerdmands, 1995), 123.

러하고 은은한 조명들로 예전적 "분위기"를 연출할 때가 바로 예배를 흥미거리 쇼로 만들어 회중을 산만하게 만드는 것은 아닌지에 대한 위험을 스스로 경고할 때이다.

다른 한 편으로는, 정통 기독교 예배는 깊은 극적 요소들이 있다. 코핀의 말은 완전히 맞다. 예배에서의 드라마틱한 면은 복음 자체의 드라마틱한 요소로부터 직접 나오는 것이다.

웨버(Webber)는 그의 책 『살아 있는 예배』(*Worship Is a Verb*)를 통해 성경 이야기를 재술하고 재현한다는 점에서 기독교 예배는 드라마라고 한다. 그는 다음과 같이 말한다.

> 예배당으로 들어가 예배를 준비할 때 나의 온 몸과 마음과 영혼은 나의 삶을 형성하고 다듬어 주는 그리스도의 사역을 리허설 하는 데에 사로잡힌다.[3]

효과적인 예배는 의무에 충실한 채 하는 기도와 찬양과 봉독의 나열 이상이다. 예배는 성경 이야기를 활동적이고 참여적으로 재현해내는 말과 행동, 동작과 나레이션을 포함한다. 본유적으로 그것은 드라마이다. 교회-사회학자 텍스 샘플(Tex Sample[1934-])도 "예배는 하나님 이야기의 축하공연이자 드라마이다"라고 한다.[4]

활기찬 교회들의 세 번째 특징은 예배의 본래적인 드라마틱한 요소를 재발견하여 회중들에게 보다 분명하고 확실하게 이러한 요소들을 전해주는 것이다.

---

3   Robert E. Webber, *Worship Is a Verb* (Dallas: Word, 1985), 29.
4   Tex Sample, *The Spectacle of Worship in a Wired World: Electronic Culture and the Gathered People of God* (Nashville: Abingdon, 1998), 107.

> **특징 3.**
> 활기차면서도 경건한 교회들은 기독교 예배의 본유적인 드라마적 요소를 회복
> 시키고 그것을 구체화시킨다.

예배의 이러한 성격을 다룰 때에는 핵심적인 구분이 중요하다. 활기찬 교회들은 예배를 드라마틱하게 만드는 것이 아니다. 대신 그들은 이미 예배 안에 있는 드라마적 요소를 어떻게 표면으로 나오게 하여 보다 깊게 경험될 수 있게 할지를 생각한다. 이러한 교회들은 샘플이 "하나님 이야기의 축하공연이자 드라마"라고 한 것처럼, 예배를 본래적으로 드라마로 여긴다. 그리고 그들은 그 드라마적 요소를 손에 잡힐 만큼 두드러지게 만든다.

환원하면, 활기찬 교회들은 드라마의 온당한 자리에 대한 질문의 요지를 바꾸어버렸다. 그들은 이렇게 질문하지 않는다

"우리 예배가 너무 드라마틱한가?

너무 극적인가?

아니면 드라마적 요소가 충분하지 않나?"

그들은 대신 이렇게 질문한다.

"우리 예배의 드라마적 요소는 복음이 재현되는 예배 행위 그 자체에서 온 것인가 아니면 예배 바깥에서 유입된 것인가?"

드라마의 원천은 중요한 문제이다. 어떤 교회들은 극적인 요소를 삽입하여 예배를 매력적으로 만들려고 한다. 스킷이나 동영상, 혹은 헬륨 풍선 등의 허브 향을 예전이라는 요리에 뿌리는 것이다. 하지만 많은 경우 이러한 양념들은 결국 예배에 침입하여 방해하고 산만하게 만든다. 대조적으로, 활기찬 교회들은 드라마적 요소들이 예배 전체를 누빌 수 있도록 하면서 보다 상상을

자극하는 식으로 그러한 요소들의 활동 방식을 발전시킨다. 어느 목사가 말하듯 "내가 예배를 발명할 필요는 없다."[5] 왜냐하면 말씀과 행동과 드라마와 의미가 이미 복음 이야기에 내재해 있기 때문이다.

1. 동네 소극장으로서의 예배

어떤 예배자들은 이런 생각에 놀랄지 모르겠지만, 예배는 공연이다. 일종의 소극장에서 행해지는 공연이다. 교회의 성도들은 이 공연의 관객들이 아니다(신학자 쇠렌 키에르케고르[Søren Kierkegaard]가 말했듯이 하나님이 관객이시다). 예배자들은 배우들이며 예배에서 행해지는 말과 행동이 대본이 되어 그들의 순서를 지정해 준다. 사람들은 단지 보고 듣고 배우기 위해서가 아니라, 각자의 역할을 맡아 그들의 신앙 이야기를 연기하기 위해 예배에 온다. 어떤 때에는 예배의 드라마틱한 요소가 화창한 날처럼 명쾌할 때가 있다.

예를 들어, 감리교도들이 "평화의 전달"(passing the peace) 의식을 통해 용서와 화해를 행할 때, 동방정교회 예전의 대입장(the Great Entracne)시 성찬의 재료들이 분향의 소용돌이 안에서 드려질 때, 장로교인들이 일어서서 한 목소리로 사도신경을 통해 교회가 오랜 시간 믿어왔던 신앙을 고백할 때, 루터교 성가대가 머리 위로 든 십자가 뒤에서 중앙 통로를 통해 "십자가를 높이"(Lift High the Cross)를 부르며 입장할 때가 그렇다.

다른 때에는 드라마틱한 요소들이 존재하지만 숨겨져 있다. 예를 들어, 나

---

5   Webber, *Worship Is a Verb*, 38.

사렛교단 목사가 봉독을 위해 성경을 펴는 것은 의례히 하는 행위가 아니다. 이 역시 드라마틱한 동작이며 "이 책이 진리의 반석이자 하나님의 말씀이다" 라는 것을 보여주는 위대한 연기이다.

나는 예배를 어떤 면에서는 "동네 소극장"과 같다고 부른다. 다른 많은 동네 소극장들이 그러하듯이, 예배에서도 뛰어난 대본을 가지고 아마추어들이 연기하기 때문이다.

딜라드(Dillard)가 이에 대해 잘 묘사했다.

> 고등학교 연극 공연이 우리가 1년 동안 연습해 온 이 예배보다 더 화려하다. 이천 년 동안 우리는 이 문제를 해결하지 못했다. 우리는 오히려 긍정적으로 생각했다. 매주 우리는 위대하신 하나님이 아마추어 같은 예배를 비웃지 않고 참으신다는 기적을 증거한다. 매주 우리는 헤아릴 수 없는 이유로 하나님은 우리의 보잘 것 없는 공연을 산산조각내지 않으신다는 기적을 증거한다. 매주 그리스도께서는 제자들의 더러운 발을 씻어주시고, 발가락을 만지시고, 그것을 반복하신다. 믿거나 말거나 그 분의 백성으로 사는 것은 괜찮은 일이다.[6]

최고의 소극장에서도 그렇듯이 예배의 참여자들은 탁월함에 굶주려 있고, 예배를 위해 최고의 은사와 기교, 날카롭게 연마된 능력을 드리기를 원한다. 하지만 그들은 프로 예배자들이 아니다. 그들은 이것을 사랑하는 아마추어들일 뿐이다. 동네 소극장이기에, 동네 주민들의 적극적인 참여가 간절히 바라

---

6   Dillard, *Teaching a Stone to Talk*, 38.

는 바이다. 실수 없이 대사를 하는 것보다는 모든 사람들이 위대한 무대에서 조금씩의 대사를 하는 것이 더 중요하다. 정확한 화음을 내는 것보다는 모든 사람들이 함께 노래하는 것이 더 중요하다.

드라마팀 사역을 하는 어느 교회에 대해 친구가 이야기해 주었다. 몇 년 전 성탄시즌에 그 팀은 디킨스의 "크리스마스 캐롤"을 교회 식당에서 공연했다. 재미있고 놀랍게도, 교회에서 가장 친절한 직원이자 존경받는 리더가 인색하고 괴팍한 스크루지 역을 맡았다.

줄거리를 한 번 회상해 보자.

스크루지 영감이 성탄절 전날, 크리스마스 유령을 만나는 무서운 경험을 하게 되는데, 냉혹하고 자비 없었던 자신을 회개하여 삶을 바꾸게 만드는 경험이었다. 성탄의 아침이 밝아올 때, 스크루지는 변화된 사람이었다. 이 변화를 보여주기 위해 대본에서는 스크루지를 연기하는 배우에게 침실의 창문을 활짝 열고 그의 머리를 밝은 곳으로 내어 밀고, 거리를 걸어가는 소년 하나를 본 것처럼 연기를 하면서, 기쁨과 흥분 가득한 채 이 상상 속의 아이에게, "거기 애야, 이리 오렴. 너에게 줄 게 있단다"라고 말하도록 지시한다. 그리고 스크루지는 런던의 가난한 자들을 위해 선물을 나누어준다.

하지만, 실제 연극에서는 배우가 그의 머리를 창문으로 내어 밀고 "거기 애야"라고 말했을 때, 부모와 함께 식당에서 연극을 보던 한 아이가 스크루지가 자신에게 말을 하고 있다고 생각했다. 그래서 배우가 "이리 오렴. 너에게 줄 게 있단다"라고 말했을 때, 그 아이는 순종하여 의자에서 일어나 무대 위로 올라갔다. 갑자기 그리고 예기치 않게 연극 중간에 관객 중 한 아이가 무대 위에 선 것이다.

그 때, 그 직원은 스크루지라는 역할을 뛰어 넘어, 즉흥적으로 그 아이를 안아 주며 말했다.

"그래. 네가 바로 나에게 필요한 사람이야!"

연극이 끝났을 때 연기자들이 모두 열정적인 박수 갈채를 받았으나, 스크루지와 작은 소년만큼 따뜻한 박수를 받은 사람은 없었다.

이것이 기독교 예배에 대한 하나의 비유이다. 우리 모두는 위대한 연극의 배우이며, 복음드라마의 대본은 계속해서 관중석에 앉아있는 사람들을, 뒤에 서 있는 사람들을, 문 가에 있는 사람들을 손짓하며 부른다.

"이리 오렴, 너에게 줄 게 있단다."

그래서 매주일마다 아직 자신의 대사를 외우지 못한 사람들이, 가사를 다 배우지 못한 사람들이, 하지만 예배가 드라마의 중심으로 자신들을 불렀다는 것을 아는 사람들이 무대를 채운다.

이런 드라마틱하고, 참여를 독려하는 예배의 요소는 예배 전체를 누비고 있기 때문에 때로는 불분명하거나 심지어 완전히 묻혀지기도 한다. 우리가 이것에 주목하고 강조하지 않으면 시야에서 사라져버릴 것이다. 그렇게 된다면 예배는 놀라움을 자아내는 역량과 참여자들을 포함시키는 힘을 잃는 것이다.

그러면 어떻게 드라마의 감각을 회복시킬 수 있을까?

✱ 드라마틱한 구조

예배에서 드라마적 감각을 회복하는 단계는 다음과 같다.

첫째, 예배가 잘 흘러가고 있는지 점검하는 것이다.

요컨대, 예배 순서가 안정적이고 논리적으로 구성되어 있느냐 하는 것이다. 예배는 기도, 성경봉독, 설교, 찬송 등 다양한 요소들로 이루어져 있는데, 이들이 연속적으로 배열된 순서를 가진다. 심지어 즉흥성을 높이 사서 기도 문을 사용하지 않고 주보도 만들지 않고 고정된 예전에 갇히는 것을 거부하는 자유 교회(free-church) 전통에 속한 교회들도 예배의 순서는 가지고 있다.

그러한 교회에 한 번 출석하여 보라.

예배가 예측 불가능하게 흘러가는 것 같아도 성령의 바람은 불어올 곳에서 불어오고, 반복되는 패턴과 지속적인 구조가 보이기 시작할 것이다.

공동기도문(The Book of Common Prayer) 형태이든, 복음주의 교회의 "찬송, 기도, 설교, 초청" 형태이든, 이러한 패턴과 순서는 틀에 박혀 있는 무엇이 아니라, 확신이 구체화된 것이다. 예배는 그 형태로 의미를 전달한다. 어떤 부분은 가시적으로 드러나지 않는다 하더라도 그 이야기가 예배 순서에 내포되어 있다. 예배 안에서 상호 관련된 각 행위들이 강조하는 것은 하나의 거룩한 이야기이며, 각 순서를 통해 그 이야기를 다시 말해준다.

예를 들어, 모임—말씀—성찬—흩어짐이라는 많은 교회들이 사용하는 예배의 4중 구조에 대해 생각해 보자.

이는 단지 예배를 체계화하기 위해 만든 순서가 아니다. 이 구조는 우리에게 이야기를 말해준다. 이 세상의 삶 한 가운데서 우리는 하나님의 임재 앞으로 오라는 부르심을 받는다. 거기에는 경외함과 경이로움, 찬양과 고백이 있고, 우리는 하나님의 말씀을 듣는다. 하나님의 백성으로 새롭게 되고, 용기와 지혜, 용서와 치유를 받는다.

그리고 감사하는 마음으로 모든 시간과 장소에 속한 성도들이 함께 하는 기쁨의 축제인 천국 잔치에 초대를 받는다. 그렇게 하나님께로부터 양분을 공급받은 뒤, 새롭게 된 백성으로 하나님의 이름으로 사랑하고 섬기기 위해 세상으로 다시 파송 받는다.

이것은 거룩한 그리스도인의 이야기 중 하나이지만, 들어야 할 유일한 이야기는 아니다. 어떤 예배는 성찬상이 아니라, 믿음으로 "초청"한다. 아직 기독교 신앙을 갖지 못한 이들에게 회개하고 복음을 받아들이며 그들의 새로운 신앙을 보여주기 위해 나아오라는 초청이다.

이 때의 예배는 잃어버린 자들을 찾아 구원하는 하나님의 거룩한 이야기를 다시 말해준다. 또한 어떤 예배에는 토론과 중재, 심지어 논쟁거리를 제공하는 설교가 등장하기도 한다. 이 모든 예배들은 우리의 마음과 정신에 하나님의 진리가 뿌리내리도록 하는 거룩한 이야기를 들려준다.

핵심은 많은 순서들이 기독교 예배에 사용되지만 그들 모두를 통해 하나의 이야기가 동네 소극장으로서의 좋은 예배를 만든다는 것이다. 예배가 만나는 시험 중 하나는 그 순서가 이야기처럼 들려질 수 있느냐 하는 것이다. 만약, 찬송, 기도, 신앙고백, 성경봉독 등의 순서들을 정렬해서 그 순서 가운데 내재된 것을 이야기로 풀어낼 수 없다면, 어떤 요소들이 누락되었거나 요소들이 올바른 순서로 배치되지 않은 것이다.

하지만, 바른 순서를 갖는 것만으로는 부족하다. 회중은 종종 예배를 단절된 여러 요소들의 나열로 경험한다.

찬송, 기도, 광고, 봉독, 설교, 찬송, 그 다음, 그 다음, 그 다음.

둘째, 인도자들이 여러 요소들의 연결이 분명히 드러나도록 해서 이야기가 명확하게 전개되는 예배를 만들어야 한다는 것이다.

내가 관찰한 활기찬 교회들에서는 교역자와 평신도를 포함한 예배 인도자들이 예배의 흐름을 위해 빈틈없이 애쓰며, 그들의 리더십을 그 흐름

에 맡기는 것을 볼 수 있었다. 대부분 이것은 속도에 관한 문제이다. 성가
대의 노래나 설교, 선포, 댄싱 등 드라마적인 강조가 있는 순서들을 진행
할 때는 이 순서들이 회중에게 흡수되고 반영되는 시간을 주기 위해 예배
의 속도가 늦추어진다.

반면에, 사죄의 선언 이후의 감사, 헌신을 요구하는 설교 이후의 결단송 같
이 이전 순서에 대해 직접적이고 즉각적인 반응을 요구하는 순서에서는 예배
의 속도가 빨라진다. 모든 훌륭한 이야기들처럼 예배도 다양한 속도와 적절
한 타이밍을 가진다. 효과적인 인도자들은 예배에는 오르막길과 내리막 길이
있다는 사실과 하나의 순서는 앞 순서를 다음 순서로 논리정연하게 인도한다
는 사실을 전달하는 사람들이다.

2. 생동감 있는 장면들

크게 볼 때 예배는 복음 이야기를 재연하는 것이다. 그리고 전술한 바와 같
이 전체로서의 드라마는 몇 개의 독립된 장면들로 나뉘어진다. 모이는 장면,
말씀이 선포되는 장면, 성찬의 장면, 그리고 세상을 향해 보내는 장면이 그것
들이다. 활기찬 교회들은 드라마틱한 구조의 전반적인 흐름에만 강조를 두는
것이 아니라, 각 장면들의 드라마적인 잠재성에도 주목한다.

어느 활기찬 교회가 모이는 장면에서의 특별한 드라마적 강렬함을 보여주
었다. 성공회 교회였는데, 이 교회의 예배는 목사와 성가대의 입례로 매주일
시작된다. 그들은 입구에서 회중석으로, 통로를 지나 강단으로 오르간 연주
에 맞춰 입례송을 부르며 입장한다.

거기에 특별할 것은 없다. 다른 많은 교회들이 같은 순서를 가진다. 하지만 이 교회는 회중 중에 서부 인디언들이 많이 있었다. 전통에 있어서는 앵글리칸이었으나 문화적으로는 캐리비안이었던 것이다. 성가대원 중 일부는 찬송가만 부르며 나오는 게 아니라 탬버린과 마라카스도 함께 연주하였다. 행렬은 일직선으로 곧장 중앙통로로 가는 게 아니라, 이리저리 흥겹게 돌아다녔다. 자유롭게 회중석을 돌아다니면서 이따금 씩은 멈추어 흔들어대면서 구불구불 강단을 향해 갔다.

이 교회에서의 경험은 확실히 전통적인 성가대들이 하는 직선 형태의 입례와는 매우 다른 것이었다. "이제 목사님과 성가대가 입장합니다"라는 식의 느낌은 없다. 이제 곧 시작될 이벤트, 예배를 위해 성전을 향하는 기쁨에 찬 무리들의 모임이 있을 뿐이다. 예배가 진행될수록 기쁨은 고조된다.

루터교에 속한 또 다른 활기찬 교회의 예배는 세례가 가지는 고유한 드라마가 빛을 발할 수 있도록 하는데 효과적이었다. 전통적인 **루터교 예배지침서**(*Lutheran Book of Worship*)를 사용하고 있었지만, 예배의 많은 부분에서 가시적이고 풍부한 의미를 담을 수 있는 행동과 사인을 주는 것을 염두에 두고 있었다. 너무나도 조심스럽게 연출되어서 실제로는 "연출된" 것이 아닌 듯 보였다. 자연스럽고 쉽게 진행되었다. 세례 받아야 할 아기들의 부모들이 앞 쪽에 교역자들과 평신도 리더들과 함께 모였다. 말씀이 확신 가운데 선포되었다.

예배지침서에 나온 대로 읽은 것이지만, "조금은 어려운 내용을 책을 통해 읽고 있습니다"가 아니라, "우리에게 친숙한 전통에 따라 행하고 있습니다"라는 의미가 전달되었다. 세례 자체는 시각적 청각적 효과와 함께 진행되었다. 물을 붓는 것이 보여지고, 세례반으로 떨어지는 물소리가 들린다. 구원의 새 옷을 상징하는 하얀색의 세례복이 사랑스럽게 아기에게 입혀진다. 하나님의 거룩한 백성이 되었다는 표시로 아기 위에 손을 얹고, 십자가의 사인이 기쁨과 함께 그려지면 그리스도의 촛불이 부모의 손에 전달된다.

그리고 나면 아주 주목할만한 일이 벌어진다. 보통 세례식에서는 이 시점에 집례자가 새로 세례 받은 아기를 안고 웃는 얼굴로 축복의 말을 하며 회중들에게 아기를 보여주면서 본당을 한 바퀴 돈다. 숭고한 목적을 가졌지만, 잘되지는 않는다. 대부분은 아기가 귀엽다느니 집례자가 친절하고 따스한 사람이라느니 하는 것이 전달된다. 나쁘진 않지만, 포동포동한 아기와 좋은 목사는 세례식에서 들려져야 할 이야기가 아니다. 이것이 복음 외부로부터 들어와 예배 드라마를 산만하게 만드는 가장 좋은 예이다.

이 루터교회는 완전히 다른 무언가를 시행했다. 그것은 드라마틱하게 제정된 하나의 이벤트가 아니라, 세례식에서 들려지는 이야기의 진정한 표현이었다. 세례식이 마쳤을 때, 예식의 참여자들이 모두 중앙통로로 내려왔다. 그들은 성경과 예전지침서를 가지고 있었다. 세례를 받은 아기는 세례복을 입고 있었고, 부모가 앞장섰는데, 한 명은 아기를 안고 있었고, 다른 한 명은 불이 켜진 그리스도의 촛불을 들고 있었다.

그들이 앞쪽에서부터 중앙통로로 나아갈 때 또 다른 사람들이 뒤 편에서부터 오고 있었다. 그것은 그 교회 어린이들과 그날 그 교회를 방문한 과테말라에서 온 자매 교회의 일원들이었다. 중앙에서, 문자 그대로 한 가운데서, 그들이 서로 만났을 때 어린이들과 콰테말라에서 온 성도들은 세례 받은 아이를 환영하였다.

"주님의 가족이 된 것을 환영한다. 너는 그리스도의 몸의 지체이며, 하늘 아버지의 자녀이고, 우리와 함께 하나님나라의 일꾼이 되었단다."

회중은 박수를 터뜨렸고 성경과 세례증서를 포함한 선물들이 주어졌다. 그

선물은 전 세계 교회가 그리스도의 몸에 이 새로운 성도가 참여하게 됨을 환영한다는 사인이었다.

또 다른 활기찬 교회인 시카고에 위치한 흑인 교회(African-American church) 역시 "헌아식"(baby dedication)에 담겨있는 드라마틱한 힘을 강조한다. 예배의 특정한 시점에 목사가 헌신하기로 한 아기의 가족을 교회 앞으로 부른다. 반원형으로 건축된 본당이었는데, 강단 앞쪽에 있는 넓은 공간이 순식간에 사람들도 가득 채워졌다. 대략 20명의 아기들이 헌신되었는데, 그들의 부모 뿐 아니라 할머니, 이모, 삼촌, 사촌, 이웃, 그리고 친구들이 함께 나왔다. 수백 명의 사람들이 강단 앞으로 나와 아기들과 부모들을 둘러 쌌다.

목사는 아기들 모두가 아주 중요하다는 것을 분명히 하면서 한 명 한 명의 아기들에게 차분하고 섬세하게 다가가서 잠시 시간을 가졌다. "이 아기의 이름이 무엇이죠?"하고 목사가 물으면, 아기의 엄마가 이름을, 아기의 아빠는 중간 이름을, 그리고 가족과 친구들 전체가 아기의 성을 큰 소리로 외침으로 이 아기가 여러 갈래의 유산과 정체성을 함께 받았다는 청각적 사인을 주었다. 그리고 나면 목사가 아기들의 이름을 불러가면서 축복한다.

목사가 마지막 아기를 축복하자 아프리카 전통북이 신나게 연주되었다. 부모들과 아기들은 비트에 맞춰 본당 앞을 가로질러 강대상에 한 계단 올라섰고, 비트가 고조되면서 온 회중이 감사와 찬양의 외침으로 동참했다. 북소리가 신나게 연주되는 가운데 부모와 아기들이 강단에 정렬하면, 여성 예배 인도자팀이 나와서 아기들 한 명씩에게 다가가서는 각자가 무언가를 아기들 입에 대 준다.

첫째 여성이 고추를 각각의 아기 입에 대줄 때, 강대상에 서 있던 다른 여성이 이렇게 말했다.

"이것은 십자가의 능력에 대한 상징입니다."

둘째 여성은 물 한 방울을 입에 대주었다.

"이 물은 이 아기가 속한 그리스도의 순결을 상징합니다."

셋째 여성은 약간의 소금을 각 아기의 혀에 대주면서 "이 소금은 이 아이들이 지혜롭고 신실하게 세상의 소금으로 부르심을 받았다는 상징입니다."

넷째 여성이 식초 한 방울을 입에 대주자 아기가 움찔거렸다.

"이 식초는 그리스도인의 삶이 항상 쉬운 것만은 아니라는 것과 이 아기들이 어려움과 고통에 직면할 준비를 해야 한다는 상징입니다."

다섯째는 꿀이었다.

"달콤한 복음의 상징입니다."

여섯째 여성은 기름을 가지고 왔다.

"기쁨의 상징입니다."

여성들의 순서가 끝나자 북소리는 더 커졌고 회중은 발을 구르며 일어섰다. 부모들은 아기들을 그들의 머리 위로 최대한 높이 들었고 강대상에 있던 여인이 기쁨에 넘쳐 승리를 선포했다.

"이 아기들은 종으로 태어난 것이 아닙니다. 그들은 가장 높은 하나님의 사랑과 선택을 받은 천상의 왕의 자녀들입니다!"

강한 힘과 드라마를 보여 준 순간이었으며, 복음이 증거되는 순간이었다.

기독교 예배에서의 신실한 진짜 드라마의 가능성은 거의 무한하다. 스페인어와 영어를 사용하는 사람들이 한데 모여있는 한 로마가톨릭교회는 단순한 그림을 사용한다. 게시판에 손으로 그린 그림인데, 언어에 상관없이 설교의 의미를 가시적으로 알 수 있도록 해 준다.

한 감리교회는 예배자들이 성찬에 참여할 때 모두 손을 잡고 커다란 원을 만들어 성찬상을 에워싼다. 한 침례교회는 "목회기도"를 할 때 특별한 기도가 필요한 사람들을 앞으로 나오게 하여 목사와 함께 교회 앞에 서게 한다. 나머지 회중은 일어서 그들을 둘러싼 채 기도해 주며 사랑을 전한다. 한 장로교회는 이따금씩 악기를 다룰 줄 아는 모든 회중들에게 악기를 가져와 함께 찬양하게 함으로 하나님 백성들의 은사가 모이고, 축하하고, 사용되는 것을 상징적으로 보여준다.

모든 교회는 예배의 드라마틱한 이야기를 통해 각 순서마다 생각하고 질문할 기회를 갖는다.

"이 순서가 가지는 본래적인 드라마를 보다 풍성히 가시적으로 보여주고 그 의미를 온전히 명확하게 하면서 더 많은 이들의 참여를 독려하는 방법은 없는가?"

결과로 사람들을 자리에서부터 중앙무대로 불러 흥분 가득한 복음적 소극장 공연을 이루는 예배를 하게 될 것이다.

너무 드라마틱하다고?

아니, 절대 그렇지 않다!

우리는 부활의 세상에 살고 있다!

Beyond the Worship Wars:
Building Vital and Faithful Worship

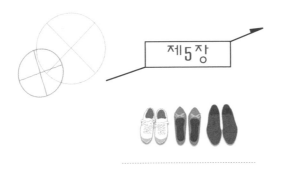

만 입이 내게 있으면:
음악적 요구

음악은 회중예배에 있어 원자로와도 같다. 그곳은 방사능 물질들을 다량 보유하고 있는 곳으로, 긍정적인 에너지가 산출되기도 하지만, 공동체의 붕괴를 발생시킬 수도 있는 곳이다.

예배 순서를 한번 바꾸어 보라.

아마도 논쟁에 휘말리게 될 것이다. 하지만, 예배음악 스타일을 바꾸게 된다면, 그 교회는 쪼개질 것이다. "새로운 분리주의자들은 예배 형식 때문에 생기는데, 그들은 음악을 교리 삼아 신앙고백을 한다"라고 노틀담대학교 역사학 교수인 마이클 해밀턴(Michael S. Hamilton)은 말한다.[1]

어째서 음악이, 그 부드러운 음악이, 이토록 격정적이고 논쟁적인 이슈가 되었을까?

---

1   Michael S. Hamilton, "The Triumph of the Praise Songs: How Guitars Beat Out the Organ in the Worship Wars," *Christianity Today*, 43/8 (July 12, 1999), 30.

어떤 이들은 음악과 관련된 긴장들은 보다 광의의 문화적 갈등, 특히 세대 간의 갈등 중 하나라고 본다. 각 세대마다 그 세대가 선호하는 음악 스타일이 있기 때문에 16세 청소년에게 "교회의 참된 터는"을 부르게 하는 것은 메탈리카나 에미넴에게 "러브 미 텐더"(love me tender)를 잔잔히 불러보라고 하는 것과 같다.

종교사회학자인 텍스 샘플(Tex Sample)은 음악과 세대의 관계에 대한 이야기를 하나 들려준다.[2] 미 중서부에 부유한 장년층을 겨냥하여 디자인된 쇼핑몰이 하나 있었다. 고풍스런 멋이 있는 가스등, 미식가를 위한 레스토랑, 예쁜 차양이 있는 값비싼 옷 가게 등이 있는 곳이었다.

하지만 유행이 바뀌고, 몇 가지 다른 이유로 인해 그곳은 십대들의 아지트로 변해버렸다. 그들은 매일 밤 쇼핑몰 입구와 매장들 앞에 모이고 끊임없이 자동차로 주차장 주위를 맴돌아서 주차 공간은 거의 사용불가가 되었다. 그들은 오지만, 물건을 사지는 않는다.

십대들은 무언가 재미난 것을 위해 올 뿐, 물건 구입은 안 하기 때문에 쇼핑몰의 매상은 급격하게 떨어지게 되었다. 위기에 직면한 상인들은 한 가지 기발한 아이디어를 냈는데, 그것은 "차분한 경음악"을 쇼핑몰 전체에 틀어 놓는 것이었다. 그것이 시행되었을 때, 젊은이들은 급속도로 흩어져 다시는 오지 않았다.

샘플은 이 이야기가 "현대의 주류를 이루는 소울(soul)음악을 배우고 연습하기를 마다하는 교회"를 향한 경고라고 말한다.[3] 바흐풍의 찬송가나 전통적

2 Sample, *The Spectacle of Worship in a Wired World*, 36.
3 Ibid., 36.

인 "차분한" 음악만을 고수함으로써 교회는 젊은 세대를 쫓아내고 결국 전 세대에 등을 돌리는 위험을 초래하게 된다.

다른 이들은 음악적 선호도는 개인적인 취향일 뿐이라고 하면서, 그것이 나이와 관련 있다는 것에는 동의하지 않는다.

어떤 교인은 이렇게 말한다.

"젊은 사람들은 전통적인 찬송가를 싫어한다고들 하는데, 저는 젊지만 옛날 찬송이 좋습니다."

학교나 교회의 수준 높은 합창단에서 훈련 받은 십대라면 또래의 친구들보다는 바흐나 하이든의 음악을 더 좋아할 수 있다. 그런가 하면 최근에 한 컨퍼런스에서 만난 70대 신사분은 찬양콘서트 광고지를 나에게 건네주었다. 그분은 평생 동안 지루한 예배에 시달리다 우연히 한 교회의 예배를 만나게 되었다. 거기에서는 모두가 힘차게 찬양하고 손을 머리 위로 흔들며, 정열적인 비트의 전기기타가 리드하는 락밴드가 있고, 대형스크린에는 찬양 가사가 비춰지고 있었다. 이분은 칠십 평생 이렇게 열정적으로 예배를 드려 본 적이 없었다고 한다.

락앤롤의 선구자인 척 베리(Chuck Berry)가 이렇게 노래했듯이 말이다.

"옛 이야기가 말하듯, 그것이 인생이에요(C'est la vie). 말로는 표현할 수 없는 일들이 일어나지요".

음악, 세대, 그리고 선호에 관련된 모든 질문과 논쟁 아래에는 보다 근본적인 진리가 놓여져 있다. 나이나 환경에 관계 없이 음악은 종교적 경험을 형성함에 있어 굉장히 효과적이기 때문에, 예배음악에 대해서 우리는 종종 논쟁적이 된다는 사실이다. 듣는 설교보다 부르는 노래를 통해 신학을 더 많이 접한다는 누군가의 말도 그다지 과장되지 않은 것이다. 만약 음악이 중요하지 않다면 우리는 그렇게 격렬하게 논쟁하지 않을 것이다. 그 중요성이란 종종 말로 표현하기는 어려운 것이다.

찬송가를 개정하기 위해 모인 큰 교단의 위원회를 한 번 상상해 보라.

군사적인 이미지 때문에 "믿는 사람들은 주의 군사니"를 삭제해야 한다는 안건이 올라온다면, 격렬한 반대가 즉각적으로 나올 것이다. 장담컨대, 니케아신조에서 한 구절을 빼야 한다고 누군가 말한다면 약간의 부정적인 반응이 잔잔한 물결을 이룰 것이나, 좋아하는 찬송가를 제외하자고 한다면 반대의 쓰나미가 밀려 올 것이다.

"믿는 사람들은 주의 군사니"를 옹호하는 사람들에게 "정말 우리가 교회에서 군가를 불러야 한다고 생각합니까? 그것이 주님이 원하시는 것일까요?"라는 질문을 하면, 그들은 아마도 "아니죠. 하지만 그래도 달라질 건 없어요. 왜냐하면 '믿는 사람들은 주의 군사니'는 군가가 아니니까요"라고 대답할 것이다.

물론, "믿는 사람들은 주의 군사니... 우리 대장 예수 기를 들고서 접전하는 곳에 가신 것 보라"고 시작하는 노래에 군사적 이미지가 없다는 말은 이해하기 힘들지만, 이 노래를 변호하는 사람들의 심정도 이해할 수는 있다. 옛 사람들이 교회, 캠프, 주일학교에서 혹은 정원을 손질하며 불렀던 노래들은 사전적으로 그 의미를 다 정의할 수 없는 정서적 친밀함, 기억들, 그리고 삶의 교감들로 가득한 것들이기 때문이다.

잘 알려진 애창 찬송을 부른다는 것은 수천의 의미를 가진다. 그런 찬송가를 삭제하는 것은 어떤 이들에게는 편집상의, 그리고 신학적인 문제이겠지만, 다른 이들에게는 심장을 떼어내는 것과도 같다.

샘플은 어떻게 찬송가가 우리의 다양한 경험들 가운데 있는지를 보여주는 좋은 이야기를 전해준다. 그는 수업시간에 옛 찬송인 "저 장미꽃 위의 이슬"

을 풍자적으로 말하고 있었다. 음악적으로 이 노래는 조롱받을만한 부분이 있기는 하다. 아주 달콤하지만 현실도피적이고, 또한 지극히 개인적인 노래이다. 게다가 멜로디는 건조하면서 감상적이고, 아주 진부하다. 샘플은 이 모든 것을 담아 우스꽝스러운 콧소리로 학생들에게 이 노래를 불러주었다.

수업이 끝난 뒤, 35세의 한 여인이 찾아와서 11세부터 16세까지 그녀의 아버지로부터 성적학대를 받았었다는 말을 그에게 했다. 매번 끔찍한 일을 겪은 뒤 그녀는 밖으로 나가 노래를 불렀다.

"주님 나와 동행을 하면서 나를 친구 삼으셨네 우리 서로 받은 그 기쁨은 알 사람이 없도다."

그녀는 샘플에게 말했다.

> 그 노래가 아니었다면 나는 지금 살아있지 못했을 거예요. 내 앞에서 다시는… 다시는… 그 노래를 비아냥거리지 말아 주세요."[4]

개개인에게 음악이란 기억과 감정, 경험과 확신, 표현과 열망의 혼합물이다. 음악과 예배라는 주제가 거론될 때마다 감정적이 되고, 반대를 하며, 열정적인 토론이 불붙는 것은 이상한 일이 아니다.

---

4 Tex Sample, *Ministry in an Oral Culture*, 78-79.

1. 두 예배 이야기

예배음악이라는 전쟁터를 보다 잘 이해하기 위해 미들타운교회(Middle-town Church)의 이야기를 들어 보라.

아주 전형적인 이야기이다. 5년 전, 미들타운교회는 계속 줄어드는 참석자들 문제로 전통적인 주일 오전 11시 예배를 고수할지에 대해 고민하고 있었다. 예배 컨퍼런스 및 다른 교회에서 새로운 스타일의 예배를 경험한 젊은 층의 몇 사람들이 담임목사와 당회에게 미들타운교회의 예배는 지루하다고 말하며 "현대적인" 새 예배를 시작하게 해 달라는 건의했다.

잠시 망설였지만 당회는 새로운 시도를 해 보기로 했다. 6개월 동안 두 개의 예배를 드리기로 한 것이다. 오전 9시 30분에 1부 "현대적인" 예배를 드리고, 11시에는 2부 "전통적인" 예배를 드렸다. 6개월 후에 두 예배의 지속 여부에 대한 판단을 하기로 하고 말이다.

5년이 지난 지금, 1부 예배가 여전히 강세인 가운데, 예배에 대한 전혀 다른 가치와 취향을 가진 두 부류의 지지자들이 미들타운교회에 생기게 되었다.

미들타운교회의 주일 아침은 이렇게 진행된다. 8시도 되기 전부터 몇몇 헌신자들이 1부 예배를 준비하기 시작한다. 강대상, 성찬상, 세례반은 창고로 옮겨지고, 그 자리에 거대한 스크린, 프로젝터, 드럼, 기타, 그리고 무대 조명들과 콘서트 수준의 음향장비가 들어선다. 9시 15분까지는 예배당이 거의 차게 되는데, 주로 가벼운 옷차림의 10대와 2, 30대가 주를 이룬다. 헤드셋 마이크를 찬 엔지니어를 중심으로 찬양팀은 즉석에서 연주를 하면서 청중들의 마음을 들뜨게 한다.

1부 예배는 대략 10시 15분 정도까지 이어지고, 곧바로 봉사자들은 급하게 그리고 조금은 시끄럽게 스크린, 드럼, 조명과 스피커를 치운다. 그리곤 재빨리 기존 예배 기구들을 원상복귀시켜 놓는다. 대체로 1부 예배 참석자들보다 나이가 많은 2부 예배 참석자들은 정장 차림으로 본당 앞에서 웅성거리며 입장을 기다리고 있다. 두 회중이 서로를 스쳐 지나갈 때는 마치 고등학생들이 쉬는 시간에 복도에서 옆 반 아이들과 그러듯, 서로 쳐다보지도 않고 인사도 안 하고 다만 침묵만이 있을 뿐이다.

두 예배 사이에는 유사점이 있다. 둘 다 기도, 찬송, 성경봉독, 헌금, 그리고 축도가 있다. 설교자는 두 예배에서 기본적으로 같은 설교를 한다. 둘 다 가끔 세례식을 하고, 한 달에 한 번 정도 성찬을 시행한다.

하지만, 큰 차이점도 있다. 1부 예배가 덜 형식적이고, 더 역동적이며, 더 많은 회중이 참여한다. 강대상이 없기 때문에 설교자는 양복 옷깃에 핀마이크를 꼽고 회중과 같은 높이에서 설교한다. 가끔은 회중 사이를 돌아다니기도 한다. 1부 예배에서는 박수와 웃음소리가 자주 들린다. 기도는 따로 준비하지 않고 즉석에서 드려지는데, 어떤 때는 투박한 어휘나 두서없이 가기도 하지만 언제나 진솔하고 정성되다.

하지만, 사람들로 하여금 어느 한 예배 대신에 다른 예배를 택하게 하는 결정적인 요인은 바로 음악이다. 1부 예배에는 기타와 드럼, 탬버린이 있다. 2부 예배에는 파이프 오르간이 있으며, 절기 행사 때는 관현악이 함께 한다. 2부 예배를 위해 전문 오르간 연주자와 지휘자, 그리고 성악가 솔리스트와 함께 성가대가 매주일 노래한다. 그 노래들은 음악적 신학적 가치를 고려하여 지휘자가 선별한다.

1부 예배에는 찬양팀이 있는데, 그들은 음악적 재능은 있지만, 전문가는 아니다. 대부분 시간에 찬양팀은 회중 찬양을 인도하며, 가끔은 그들만의 연주를 들려주기도 한다. 2부 예배에는 항상 세 곡의 찬송가가 있다. 입례송, 설교 주제와 맞는 결단송, 그리고 세상을 향해 나가는 파송찬송이다. 1부 예배에는 더 많은 음악이 있다. 최소 예배의 절반 이상은 노래이지만 "찬송가"를 부르는 일은 거의 없다. 대부분 경배와 찬양 류의 노래를 부른다.

실상 음악을 제외하면 두 예배 사이에는 거의 차이점이 없다. 간단히 말하면, 찬송가를 부르고 성가대 노래를 듣는 전통적 교회음악이냐, "경배와 찬양"으로 통칭되는 음악이냐이다. 경배와 찬양 음악은 딱히 정의하기가 까다로운데 찬송가 작곡가인 브라이언 렌(Bryan Wren[1936-])의 설명이 도움이 된다. 그는 많은 경배와 찬양 음악이 "복음적 제창"(evangelical chorus)으로 이루어져 있다고 말한다.

복음적 제창은 "짧은 회중 찬양으로, 특정한 전개 없이 쉽고 반복적이며 고조되는 가사와 음악을 가지고 주제를 표현한다."[5] 이런 곡들은 보통 성경 구절을 인용하거나 거기서 영감을 얻고, "노래하는 사람을 하나님과 직접적이고 개별적인 애정 관계"에 놓이게 한다.[6] 이러한 음악에서 예배자에게 즉각적인 효과를 불러 일으키고 "회중으로부터 박수 및 몸짓을 유도하는" 정렬적 비트는 필수적이다.[7]

미들타운교회에는 머지 않아 1부 예배만이 살아남을 것이라고 결론을 내릴 수 있다. 그것은 단지 예배자들이 많이 있고 에너지가 넘친다는 이유 때문만은 아니다. 그 예배는 상상력이 넘치고 창의적이며, 회중의 진정한 참여

5   Brian Wren, *Praying Twice: The Music and Words of Congregational Song* (Louisville: Westminster John Knox, 2000), 197.

6   Ibid., 205.

7   Ibid., 217.

를 유도하고, 비신자들을 교회로 이끌기가 용이하다. 반대로, 2부 예배는 지루하고, 고리타분하며, 무기력하다. 2부 예배 참석자들이 1부 예배를 향해 불만을 갖는 것은 예상 가능한 일이다. 그들은 1부 예배가 시끄럽고, 경건치 못하며, 보여주기 위한 것이라고 불평한다. 게다가 예배 기구들을 옮겼다 다시 설치하는 일은 성전을 경히 여기는 일이고 2부 예배자들에게 방해가 된다고도 한다.

"일시적 유행일 뿐이죠"하고 오랫동안 미들타운교회를 출석한 한 교인이 1부 예배에 대해 말한다.

"몇 년 더 두고 보세요. 아마 시들해져서 2부 예배처럼 될걸요".

이런 불평은 좁은 공간에서 서로 경쟁하며 공생하기 위해 애쓰는 사람들이 그저 투덜거리는 것으로 보일 수도 있다. 그러나, 좋게만 보이는 1부 예배 역시 비판받을 만한 요소들은 있다.

2. 난 락앤롤이 싫어요

2부 예배가 무엇이 잘못되었는지는 분명하다. 진부하고, 동떨어져 있고, 불친절하고, 지루하다. 현재 응급실에 있는 처지인데, 뭔가 특별한 일이 일어나지 않는 이상, 곧 2부 예배의 장례식이 준비될 것이다.

하지만, 교회음악 전문가들은 1부 예배를 향해서도 경계의 눈빛을 보낼것이다. 활기차고 창의적이고 매력있다는 점에서는 1부 예배를 인정할만하지만, 시간이 흐른 뒤에 이런 식의 예배는 더 이상 예배(service)가 아니라 폐해(disservice)가 될 것이라고 한다.

그들이 보는 문제는 대부분 음악적인 것이다. 그들은 미들타운교회의 1부 예배는 바람직하지 않은 음악으로 가득하며, 예배에 그런 음악이 지속될 때 신앙의 발전을 저해하게 된다고 경고한다.

미들타운교회 1부 예배음악에 무엇이 문제인가?

어쨌거나 그 음악은 신나게 따라 부르기 쉽고, 정열적인 비트로 회중을 격정적 몸짓과 함께 예배에 참여하게 만드는데 말이다.

바람직한 면이 아닌가?

그렇긴 하지만, 비판자들에 의하면 전형적인 경배와 찬양 음악 역시 단순하고, 반복적이고, 결국엔 지루하다. 어떤 이는 경배와 찬양 음악에 대해 이렇게 말한다.

"네 개의 가사와 세 개의 코드를 가지고 두 시간 동안 노래한다."

단기적으로 볼 때, 이 음악은 우리의 발을 구르게 하고 박수를 치게 하겠지만, 거시적으론 단조롭고 축소된 믿음을 양산해내게 된다. 그런 믿음은 너무 안이하고 단순해서 혼란스러운 일을 이기지 못하고, 너무 반복적이어서 진정한 변화를 다루지 못한다.

런던의 한 음악 평론가는 다이애나 왕세자비의 장례식장에서 겪었던 특별한 경험을 말해 준다. 그는 웨스트민스터사원에서 있었던 장례식에 참석했다가 그날 저녁 다른 도시에서 있었던 베르디의 레퀴엠 공연을 위해 곧 자리를 떴다.

그의 감정이 엘튼 존이 "잘가요, 영국의 장미여"(Goodbye, England's Rose)를 부를 때 수많은 사람들과 함께 흐느끼며 느꼈던 감동으로부터 풍부하고, 장엄하고, 난해한 베르디의 장례 미사로 돌아오는 데는 많은 시간을 필요로 했다.

공연장으로부터 집으로 돌아오는 길에 두 행사의 차이점이 무엇인가 곰곰

이 생각해 보았다. 둘 다 정서적, 사회적, 종교적으로 강렬한 경험이었고, 두 경우 다 그 의미와 감정이 음악이라는 파도를 타고 전달되었다.

그렇지만 그는 결국엔 엘튼 존의 헌정곡에는 없었지만 베르디의 음악에는 있었던 것을 발견했는데, 그것은 거대하고 거룩한 신비의 임재 속으로 인도하는 경외함(awe)이었다. 요컨대, 감정을 불러일으킬지는 몰라도 그 평론가가 현대의 경배와 찬양 음악에서 부족하다고 느낀 것은 바로 그 경외함이다.

음악교수인 토마스 데이(Thomas Day)는 팝 스타일의 현대 교회음악에 대해 날 선 비판을 한다.

> 이러한 가볍고 쉬운 멜로디에 친근한 음악으로 자신이 얼마나 신실한지를 보여주려는 시도는 하나님이 그저 우리의 작은 친구일 뿐이라고 말하는 것이다.... 한 평론가가 말하듯이 이런 음악은 하나님을 향해 "별일 없죠, 하나님?"하고 가벼이 인사하는 듯 하다.[8]

게다가 많은 평론가들은 대다수 현대 예배음악은 현격하게 자기 중심적이거나 그보다도 못하다고 말한다.

데이의 말을 다시 들어 보자.

> 이런 음악의 문제는 얼마나 신실하냐 혹은 얼마나 많은 성경 구절을 담고 있냐에 관계 없이 천박한 나르시즘이 줄줄 흐르고 있다는 것이다.[9]

---

8 Thomas Day, *Why Catholics Can't Sing: The Culture of Catholicism and the Triumph of Bad Taste* (New York: Crossroad, 1990), 64.

9 Ibid., 60.

이런 비판이 타당한 것인가?

물론 "나"라는 말이 경배와 찬양 음악에 많이 등장하지만 결국 하나님을 찬양하는 것은 그 "나"가 아닌가?

전통적인 찬송가에는 "나"라는 말이 없나?

까다로운 질문이라고 평론가들은 답한다. 물론, 경배와 찬양 음악 속에 나오는 "나"는 대부분 하나님을 찬양하고 있지만, 실제의 에너지는 찬양하고 있고 감정을 느끼고 있는 "나"에게로 쏟아진다. 렌은 경배와 찬양 음악의 본유적 유아론(唯我論, solipsism)을 재미난 패러디로 만들어 보았다.

> 오, 주님을 찬양하는 나를 봐,
>
> 내가 느끼는 감정을 사랑하는 나를.
>
> 그의 만지심을 생각하면 더 풍성하게 느끼게 돼.
>
> 내일은 그 분을 찬양하리, 진짜로.[10]

전통적 찬송가에도 어떤 경우 극단적으로 개인주의적인 "나"에 대한 가사들이 많다는 것은 인정해야 한다. 특히 19세기 경건주의에서 온 찬송가들에게서도 말이다. 하지만 전통적 찬송가 옹호론자들은 그런 찬송가들은 예배에서 불려질 수 있도록 음악적으로 멜로디가 잘 붙여졌다고 말한다. 가사에 있어서의 개인주의적인 초점은 회중이 함께 노래하기에 수월하도록 돕는 멜로디로 인해 중재된다. 즉, 가사는 "나"라고 하지만,

---

음악은 "우리"라고 말하는 것이다.[11]

그래서 전투는 계속된다. 한편으로, 교회음악의 폭넓은 레퍼토리 안에 있는 신학적 깊이와 소중함을 아는 전통적 교회음악 전문가들은 요즘 교회에서 흔히 들을 수 있는 영양가 없고 볼품 없는 설교만큼이나 시시한 현대 예배음악 때문에 신이 나질 않는다.

다른 한 편에서는, 현대 경배와 찬양 음악 변호자들은 이 활기 넘치는 음악이 많은 예배들에서 괄목할 만한 성공과 엄청난 유행을 일으켰음을 지적한다. 시간은 흐르고 그에 따라 음악스타일도 변하는 것이라고 그들은 말한다. 케케묵은 교회음악을 보호하려고 장벽을 치는 것은 근시안적이며 엘리트주의이다. 그것은 안 그래도 줄어든 회중석을 텅 비게 할 것이다.

어디서부터 바꾸어야 하는가?

3. 하나님께서 영광 받으시는 음악

놀랍게도, 활기찬 교회는 복잡한 음악적 이슈에 대해서도 본서에서 주장하고 있는 "제3의 길"에 주목한다.

> **특징 4.**
> 활기차면서도 경건한 교회는 스타일과 장르에 있어 탁월성과 대중성을 갖춘 회중 음악을 강조한다

---

11 Day, *Why Catholics Can't Sing*, 62.

회중 중심, 탁월함, 포용성이라는 세 가지 요소 모두가 이런 교회들이 음악이라는 문제에 접근하는 데에 있어 절대적으로 중요하다는 사실을 알아야 한다.

1) 회중 중심

오늘날 많은 교회들이 그러하듯이, 활기 넘치는 교회는 회중 중심의 음악을 예배에 많이 포함시킨다. 언뜻 당연하고 자연스러운 일처럼 보이나 실은 주목할 만한 동향이다. 교회사적으로 볼 때 예배음악의 중요성은 상승과 하락을 반복해 왔다. 중세를 예로 들면, 많은 교회들의 예배에서 노래는 오직 성직자들의 입에서만 나왔고 회중으로부터는 사라졌다. 종교개혁은 일반적으로는 회중음악과 함께 만개하였다.

하지만, 알려진 바로 개혁자들 중에 가장 음악적 재능이 있었던 쥐리히의 쯔빙글리는 음악의 힘에 대해 회의적이었고, 결국 주일예배에서 모든 악기 사용을 제외시켰다. 장로교 전통에서 시편송을 회중이 함께 노래하는 것은 자랑스러운 유산 중 하나이다.

하지만, 스코틀랜드 장로교회의 몇몇 교회들은 예배에서 노래 부르는 것을 중요하게 여기지 않았는데, 그들은 서너 개의 운율 있는 시편들로 이루어진 단조로운 노래들만을 알고 있었다. 음악의 중요성은 오르락내리락하는 법이다.

활기찬 교회들은 겉으로 볼 때 예배 안에서 음악 사용의 중요성이 고조되는 경향을 잘 반영하는 듯하다. 하지만 변화를 계량하기란 곤란하다. 활력 있는 교회에서 음악은 예배 전체를 꿰어주는 실과 같은 존재로 예배를 이끌어가지만, 어떤 교회들에게 음악은 말씀을 강조하기 위해 사용될 뿐이다. 그런 교회들의 예배에서는 많은 음악들이 다양한 용도로 사용되고 있을 뿐이다.

사람들을 모으기 위해, 성경 봉독과 설교를 꾸며주기 위해, 신비한 느낌을 주기 위해, 회중 참여를 유도하기 위해, 감사와 기쁨을 표현하기 위해, 헌금 시간을 포장하기 위해, 회중을 세상으로 보내기 위해 긴 찬송가와 짧은 노래들이 사용된다.

대부분의 활기찬 교회에서도 성가대와 전문 음악가들이 봉사를 한다. 그러나 고도로 숙련된 그들의 음악보다는 회중 중심의 음악에 초점이 맞추어진다. 회중이 청중이 되어 성가대의 노래를 가만히 듣고만 있다거나 오르간 독주를 조용히 듣고 박수치는 일은 일어나지 않는다. 요컨대, 프로 음악가들이 아닌 온 교회의 음악적 은사의 풍성함에 강조를 두는 것이다.

헌금 시간에는 몇몇 성도들이 노래하며 그들이 받은 재능에 따라 다양한 악기를 연주한다. 성가대 순서가 되어도 성가대가 찬양을 "해주는" 동안 예배가 멈추어 있는 것은 아니다. 오히려 그 시간은 예배의 흐름 안에 자연스럽게 녹아 들어간다. 성가대는 예배의 흐름에 앞장설 뿐이며 온 회중에 의해 교감되는 생각과 감정을 표현할 뿐이다. 그러므로 회중은 단지 음악을 듣는 것이 아니라, 듣고 그 안에서 예배한다.

2) 탁월함

음악적 탁월함의 기준을 정하기란 어려운 일이지만 불가능한 것은 아니다. 글에 좋고 나쁨이 있듯이, 음악에도 좋고 나쁨이 있다. 아마 거의 모든 음악가들이 본 윌리엄스(Vaughan Williams[1872-1958])의 "구원받은 천국의 성도들"(For All the Saints: 새찬송가 244장 - 역주)이 음악적으로나 문학적으로 피비

냅(Phoebe Palmer Knapp[1839-1908])의 "예수를 나의 구주 삼고"보다 뛰어나다고 인정할 것이다.

전자의 가락이 보다 복잡하고 흥미로우며, 가사도 신학적으로 더 깊이가 있다(감리교 신학자인 루콕[Halfor Luccock〈1885-1960〉]은 "예수를 나의 구주 삼고" 대신 "예수가 나를 자기 소유삼고"라고 하는 게 신학적으로 더 합당하다고도 했다).

그런데, "구원받은 천국의 성도들"이 "예수를 나의 구주 삼고"보다 기술적으로 더 탁월한 찬송이라 하더라도 그것이 그 노래가 예배를 위해 더 좋은 찬송이라는 것을 뜻하는가?

회중이 "예수를 나의 구주 삼고"는 열정적으로 부르지만, 만약 "구원받은 천국의 성도들"을 무뚝뚝하고 힘없이 부른다면 아무리 음악적 탁월함이 있다고 하더라도 아무 소용 없는 일이 아닌가?

대답은 그렇다, 그리고 아니다.

우선적인 음악적 탁월함의 표지는 기능성이다. 좋은 음악이란 회중을 고무시키고, 예배에서 그들의 생각과 감정을 표현하는 도구가 되어주는 것이다. 만약 어떤 찬송가나 음악이 회중이 다다를 수 있는 수준 이상이라면, 아무리 본질적으로 기술적으로 뛰어나다 하더라도 탁월하다고 해 줄 수는 없다. 하지만, 회중이 즐겨 부른다고 해서 탁월하다는 뜻은 아니다. 풍부히 불리고 연주되는 어떤 음악들은 감상적이고 경박스러워서 예배에서 사용될 만한 가치가 없다.

진정한 탁월함을 갖기 위해서 예배음악은 반드시 기능성과 음악성을 가져야 한다. 예배음악은 목소리와 표현을 통해 회중들의 찬양을 얼마나 잘 돕는가의 관점에서는 효과적인 음악이어야 하고, 고유한 음악적 기준으로 볼 때도 좋은 음악이어야 한다.

실용과 본질 사이의 균형을 맞추는 일은 물론 어렵다. 어떻게 이 균형에 이를 수 있는가에 대한 가장 지혜로운 설명은 에릭 로우틀리(Eric Routley[1917-1982])로부터 들은 것이다. 한 컨퍼런스에서 그는 매년 반복되는 질문을 들었다. 대중성과 음악적 탁월함의 관계에 관한 것이다.

"회중이 잘 알고 좋아하는 곡만을 불러야 합니까, 아니면 더 나은 음악으로 노래할 수 있도록 해야 합니까?"

다시 말해, 회중은 그들의 입맛에 맞는 노래만 불러야 하는가, 아니면 그들에게 더 유익한 노래를 해야 하는가?

로우틀리의 대답은 청중들을 놀라게 했다.

> 당신은 먼저 회중이 어떤 노래를 알고 좋아하는지, 그러니까 그들이 곧바로 부를 수 있는 노래가 무엇인지에서부터 시작해야 합니다. 그 후에 조금씩 회중의 음악적 표현이 성숙할 수 있도록 음악적 발전을 꾀해야 합니다. 그들의 현재 수준에서 시작하되, 그들을 거기에 버려두지 마십시오.

로우틀리의 견해는 굉장히 실제적이다. 예배음악의 탁월함은 회중이 진심으로 참여함과 동시에 보다 성숙하고 차원 높은 신앙으로 성장하도록 그들을 장려하는 음악 자체에 있다. 최고의 찬송은 회중으로 하여금 열정적으로 찬양하게 하고, 동시에 결국은 그 예배자들을 변화시킨다.[12]

현실과 본질이라는 양면성의 조화는 활기찬 교회가 받은 선물이다. 음악과

---

12 교회음악에서의 "탁월함"과 "거룩함" 사이의 상호 작용에 대한 마틴 텔(Martin Tel)의 뛰어난 논의도 보라. "Music: The 'Universal Language' That's Dividing the Church," in *Making Room at the Table: An Invitation to Multicultural Worship*, Brian K. Blount and Leonora Tubbs Tisdale, eds. (Louisville: Westminster John Knox, 2001), 162–174.

그에 따르는 응답은 한결같이 탁월하다. 반복적인 제창이나 케케묵은 찬송가는 없다. 또한, 너무 복잡해서 음악 전문가들 외의 회중은 잠잠케 하는 음악도 없다. 모든 음악은 "노래하는 자들"을 위한 것이다.

3) 포용성

활기 넘치는 교회의 음악에 있어 가장 주목할 만한 사실은 그 스타일과 장르가 다양하다는 것이다. 이런 다양함은 종종 한 예배 안에서도 펼쳐진다. "안녕, 친구여"(Shalom, My Friend) 같은 떼제(Taizé)음악 다음에 옛날 찬송인 "십자가 군병들아"가 나온다든지, 종교개혁 시대 세례음악이 흑인 영가나 "생명강가에서 만납시다"(Shall We Gather at the River)와 나란히 놓인다든지. 하지만 이러한 포용성은 주로 시간을 두고 일어난다. 이번 주엔 이런 찬양, 다음 주엔 다른 찬양 하는 식이다. 활기찬 교회들의 예배에 많이 참석하게 된다면 놀랍도록 다양한 음악을 접하게 될 것이다.

클래식에서 포크까지, 바흐에서 락 음악까지.

전통적 음악을 한 쪽 끝에 그리고 반대편 끝에 현대음악 및 아방가르드 음악을 놓고 교회에서 사용되는 음악의 스펙트럼을 그린다면, 대부분의 교회는 그들의 취향에 맞는 대역에서 수직선을 그을 것이다. "우리는 이런 종류의 음악은 하지만 다른 것은 안 해요"라고 하면서 말이다.

하지만 활기찬 교회는 수직선 대신에 수평선을 그린다. 그 수평선 위에는 탁월한, 아래에는 수준 낮은 음악이 놓일 것인데 활기찬 교회는 넓은 범위의 음악을 두루 다니며 탁월함을 추구한다.

4) 음악적 은사

한번 종합해 보자.

활기찬 교회의 예배당에 들어가면 음악을, 그것도 많은 음악을 만나게 된다. 회중은 노래하고 악기를 연주하며, 음악이 예배의 시작부터 끝까지 함께한다. 음악은 예배의 각 요소에 가장 알맞게 선정된다. 여기에는 힘찬 찬송이, 저기에는 사색적인 애가 혹은 밝은 분위기의 노래가 불려진다. 고대 유대인들의 찬송부터 라틴아메리카 리듬까지 교회사의 모든 시대로부터 다양한 스타일의 음악이 사용된다.

이에 대한 반대가 없는 것은 아니다. 모든 이들이 다양한 장르의 음악을 좋아하는 것은 아니다. 관용과 공동의 참여가 요구된다. 자신이 좋아하지 않는 음악을 교회의 하나됨을 위해 불러야 할 때가 있다.

한 교회에서 어떤 이가 자신이 음악으로 헌신하고 싶다며 노래를 시작했다. 자신이 어린 시절부터 좋아했던 감상적인 옛날 노래였다. 음악적으로는 형편없었으나 회중은 사랑과 존중을 가지고 그의 노래를 들었다. 음악 자체는 전혀 가치가 없는 것이었지만 그의 헌신은 "과부의 두 렙돈"과 같았다. 감사함으로 드렸고, 기쁨으로 받았다.

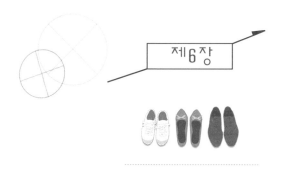

성막, 성전, 성찬상: 예배 공간

　예배에 대한 교회의 비전과 확신은 그 건물을 통하여 구체화된다는 사실은 교회 건축가들에게 긍정적인 측면이다. 불행하게도, 이것은 건축가들에게 안 좋은 소식이 되기도 한다. 왜냐하면 어떻게 예배할 것인가에 대한 이해가 변한 다음 세대도 같은 건물에서 예배하면서 옛날의 비전에 참여해야 하기 때문이다.

　교회의 예배 공간은 접이식 의자를 가진 상가 건물이건, 위엄 있는 로마네스크풍의 건물이건, 목조와 유리가 조화된 친자연주의적인 안락한 건물이건, 교회가 어떻게 예배에서 하나님과 인간 사이의 만남에 대한 깊은 생각을 하는 지에 대한 묵묵하지만 듬직한 증거를 품고 있다.

　그러나 예배를 향한 자세가 수정되고 변혁될 때, 건물은 쉽게 그것들과 함께 변혁되지 못한다. 설교, 음악, 회중 참여, 교역자의 역할, 그리고 다른 부분 등 수많은 본질상의 변화가 예배에 있어왔다. 교회 건축에 대한 한 중요한 책은 이러한 변화가 "1970년대 이전에 지어진 모든 교회 건물과 그 이후의 많

은 교회 건물들을 어떤 면에서 구닥다리로 만들어 버렸다"라고 한다.[1]

한번은 1950년대 후반에 지어진 대학의 채플 강당에서 예배를 드린 적이 있었다. 한 가지만 빼면 멋진 곳이었는데, 부드럽게 표현하자면, 어색하게 생긴 설교단만 제외하고 말이다. 그 설교단은 본당의 앞쪽에 위치한 것이 아니라 옆 벽면에서 튀어나온 발코니에 있었는데, 바닥에서부터 약 10미터 정도의 높이였다. 설교시간이 되자 설교자는 발코니로 향하는 문을 열고 들어가더니 갑자기 첨탑처럼 생긴 3층 높이의 횃대(perch)에서 나타났다. 회중은 그를 보고 듣기 위해 목을 위로 길게 빼야 했다.

그것에 대한 설명은 이랬다. 그 대학은 설교를 아주 특별하게 강조하는 개신교단과 관련되어 있었고, 이 튀어오른 설교단에 대한 생각 역시 말씀이 위로부터 지상으로 내려온다는 것을 상징하는 것이었다. 하지만, 1960년대가 되자 예배와 권위에 대한 자세가 달라졌다. 그 설교단은 이제 채플에 오는 학생들에게 말씀이 위로부터 오는 것을 상징하는 것이 아니라, 다른 세계에서 온 절망적으로 권위적이고 멀찍이 떨어져서 닿을 수 없는 설교자를 나타내게 되었다. 어떤 설교자라도 시계탑에서 뻐꾸기가 튀어나오는 것과 같은 우스꽝스러운 모습을 벗을 수 없었다.

그래서 간이 설교단이 바닥에 놓여졌고, 발코니 설교단에는 오늘날 거미줄만이 쳐져 있었다(하지만, 예배에 대한 관점은 다시 변하게 마련이므로, 미래에는 그 고귀한 설교단에 거미줄이 걷어지고, 다시 승리의 찬가를 부르며 이것을 버렸던 영성 없는 사람들에 대해 고개를 젓게 될 날이 다시 올 수도 있다).

1 James F. White and Susan J. White, *Church Architecture: Building and Renovating for Christian Worship* (Nashville: Abingdon, 1988), 11.

예배에 대한 자세가 변하면, 어떤 교회들은 새 시대를 위한 럭셔리한 예배 공간을 갖게 되지만, 막대한 공사 비용을 생각한다면 대부분의 교회들은 현재 그들이 가지고 있는 "구닥다리" 건물에 만족해야만 할 것이다. 이런 불가피성이 예배의 개혁을 가로막을 수 있다. 왜냐하면 건물 디자인의 의도에 따라 예배의 형태가 굳어질 수 있기 때문이다.

예를 들어, 기차처럼 모든 열들이 앞을 보도록 설계된 평평한 본당에서 어떻게 교역자 중심의, 강대상에 집중된, 설교를 듣기만 하는 스타일의 예배 외에 다른 예배를 할 수 있겠는가?[2]

이런 것을 생각할 때, 본서에서 연구하는 활기찬 교회들 중 단 한 곳만 1970년대 이후에 지어진 건물에서 예배를 드리고, 나머지 교회들은 예배 공간을 창의적으로 사용하고 있다는 사실은 주목할 만하다. 그 교회들은 오래된 건물에서 오는 전형적인 제약들과 싸워야만 했다. 어떤 교회는 거의 250년 된 건물도 가지고 있었다.

많은 경우 그들은 벽을 허물거나 신축을 하지 않았다. 대신 그들은 조명과 색에 신경 썼다. 잡동사니를 치우고 가구들의 배치를 바꿨다. 건물 구조를 그대로 수용하면서 백 여 가지의 작은 작업들을 통해 같은 건물에서 역동적인 예배가 가능하도록 한 것이다. 건물이 그들에게 완전한 자유를 준 것이 아니라, 그 교회들은 부러뜨릴 수 없는 것을 구부리는 방법을 찾아낸 것이다. 이것이 활기 넘치면서 경건한 예배의 지표로 우리를 이끌어 준다.

2　본서의 다른 부분에서와 마찬가지로 본장에서도 나는 "sanctuary"라는 단어를 예배가 행해지는 공간을 가리키는 대중적인 의미로 사용한다 (본서에서는 주로 "본당"으로 번역한다 ─ 역주). 예전과 교회 건축에 대한 보다 학술적인 논의에서 "sanctuary"는 보다 엄밀한 의미로 교역자에게 속한 예배 공간의 한 영역을 가리키기도 한다.

> **특징 5.**
> 활기차면서도 경건한 교회는 예배의 공간과 환경에 창의적으로 적용한다.

활기 넘치는 교회가 예배 공간에 창의적으로 적용한다는 말이 인테리어와 장식에 무제한적인 상상을 허가한다는 것을 의미하지는 않는다. 좋은 예배 공간은 단지 장식의 결과물이 아니라 또한 예배의 본질에 대한 깊은 신학적 숙고의 산물이다. 형태는 기능을 따르게 되어 있고, 잘 기획된 예배 공간은 그 안에서 드려지는 예배의 디자인을 통하여 드러난다.

1. 성막, 성전, 성찬상

지난 수 세기 동안 그리스도인들은 어떤 종류의 장소라도 예배 공간으로 변형시키는 것이 가능하다는 것을 보여 주어왔다. 그리스도인들은 교회에서 뿐 아니라, 전쟁터에서, 덤불 숲에서, 장례식장과 극장에서, 그리고 창고와 스케이트장에서도 예배 드려왔다. 하지만 기독 공동체는 거의 항상 그 장소를 변형시켰다.

화가가 버려진 기차역을 작업실로 개조하면, 그곳은 캔버스와 팔레트, 그리고 여기서 무언가 새로운 일이 일어나고 있다는 증표로 꽃이 피게 된다. 마찬가지로 교회가 어느 장소에서 예배할 때는 이곳이 예배하는 장소라는 사실을 명확하게 보여주는 표시들이 있다. 촛불이 켜지고, 강단이 정리되며, 성경을 펴고, 십자가가 강대상 위에 놓이고 하는 상징적인 일들을 통해 비록 그곳이 숲 속이든지 바닷가 모래사장이든지 학교 강당이든지 상관없이 비록 잠시 뿐이라도 거룩함과 만나는 예배의 장소임을 알린다.

일시적 장소이든지 영구적인 건물이든지 예배 공간을 셋팅하는 일은 복잡한 문제이다. 그리스도인들은 예배 장소가 단지 이 곳에서 예배가 있다라는 사실 외에 **어떤** 예배가 있는가도 말해주기 원한다. 한 교회는 경사가 진 바닥 위에 수백 개의 푹신하고 편안한 의자가 모두 대형화면을 향해 있는 원형극장 스타일의 본당을 가지고 있고, 다른 교회는 접이식 의자들이 소박한 나무 탁자를 중심으로 원형으로 배치되어 있는 평범하고 꾸밈이 없는 본당을 가지고 있다면, 이 둘은 단지 건물이 아니다. 이 둘은 신앙에 대한 극단적인 다른 이해를 대변한다. 예배 공간은 그 곳에 있는 예배자들이 하나님의 성품과 신앙의 정의에 대해 무엇을 믿느냐에 대한 물리적 표현이다.

몇 해 전 남부 지방의 한 교회는 새 교회 건물을 지으면서 기존의 많은 교회들이 하는 것처럼 첨탑과 기둥이 있는 전형적인 모습의 교회를 건축하지 않기로 결정하였다. 대신 그들은 건축자에게 자연석을 기반으로 하는 파격적인 구조에 독특한 건물 모양, 그리고 유리면들의 드라마틱한 사용 등 좀 더 도전적이고 현대적인 디자인을 요구했다.

결과는 어땠을까?

어떤 이들은 좋아했고, 어떤 이들은 싫어했는데, 가장 보편적인 비판은 "이건 아예 교회처럼 생기지도 않았네!"였다.

교회는 어떻게 생겨야 하는가?

보편적인 유형이나 기준이 있는가?

어떤 면에서는, 당연히 없다. 교회는 건축적으로 다양한 정취를 가질 수 있고, 그래야 한다. 성인용품 판매점 옆에 위치한 상가 교회나 뉴욕의 성 패트릭 성당이나 모두 교회이다. 하지만 다른 면에서 교회는 교회다워야 한다고 말할 수 있는데, 그것은 건축적인 의미보다는 기능적인 의미를 담고 있는 말이다. 교회 건물은 "여기 보세요. 이건 교회예요"가 아니라, "이 건물 안으로 들어와 교회가 **되세요**. 이 안에서 교회답게 **활동하세요**"라고 말할 수 있어야 한다.

예배학자인 제임스 화이트(James White[1932-2004])와 수잔 화이트(Susan White)에 의하면 교회 건물의 초점은 외부가 아니라, 사람들이 모여 예배 행위가 이루어지는 내부에 있다. 반면에 "이교도들은 신을 기념하기 위해 신전을 건축하는데 사람들은 내부에 들어갈 수 없다."[3] 그들은 "많은 위대한 교회 건물들의 외형(façade)이 수백 년간 완성되지 않은 채 있다"라는 사실에 주목하는데, 왜냐하면 내부 예배 공간에 비하면 외부는 크게 문제가 되지 않기 때문이다.[4]

이 점에서 성경은 교회 내부가 어떠해야 하는지에 대한 탁월한 증거를 준다. 성경에 청사진은 없지만 예배 공간에 대한 최소한 세 개의 모델이 제시된다. 성막, 성전, 그리고 (식탁을 포함한) 집이 그것인데,[5] 각각은 예배의 본질적 성격을 말해 준다. 이 모델들은 모든 예배 공간이 표현해야 하는 예배의 역동성을 드러내며, 예배 공간이 어떤 디자인을 가져야 하는지에 대한 방향을 제시해 준다.

---

3   White and White, *Church Architecture*, 16.
4   Ibid., 16.
5   William Willimon, *Word, Water, Wine and Bread: How Worship Has Changed Over the Years* (Valley Forge: Judson, 1980), 9-19를 보라.

1) 성막

광야 시절 당시 이스라엘은 움직이는 성소(sanctuary)인 장막, 즉 성막에서 예배했다. 출애굽기 25-30장에 나오듯이 이 성막은 서커스 천막처럼 대형 사이즈였고, 그 디자인과 내부 기구들은 한참 뒤에 건축된 예루살렘 성전을 연상시킨다.

많은 성경학자들은 장막에 대한 기억에 예루살렘 성전의 이미지가 소급된 것은 아닌가 생각한다. 왜냐하면 이 거대한 천막과 웅장한 기구들이 유목민들에 의해 사막에서 운반되는 것은 무리가 있다고 생각하기 때문이다. 학자들이 말하는 것은 장막에 대한 성경의 그림은 신학적 상상의 소산이며 광야 시절 이스라엘은 출애굽기 33:7에서 암시하듯 거주 형태의 보다 작고 단순한 텐트에서 가정예배 형식의 예배를 드렸다는 것이다.

그럴지도 모른다. 하지만 이 경우 신학적인 관점이 역사적 자료를 조작하게 된다. 성경 기자들은 이스라엘이 움직이는 성전에서 예배하며 광야를 여행한 것을 보여주고자 했다. 성소가 그들과 함께 여행했다. 왜냐하면 하나님께서 그들과 함께 여행하셨기 때문이다. 성경은 비록 완전한 모형은 아니라 하더라도, 지금의 성막이 영원한 예배 처소로 전환될 것을 전해준다.

백성들과 함께 움직이시는 하나님은 길들여지거나 어떤 고정된 장소로 내몰리지 않는다. 백향목으로 된 그의 새로운 왕궁에 들어가면서 다윗 왕은 자신의 집이 하나님의 성막보다 더 화려한 것은 아닐까 조마조마했다. 그는 영원한 성소를 지으려 했는데, 하나님께서는 그것을 거절하셨다.

내가 이스라엘 자손을 애굽에서 인도하여 내던 날부터 오늘까지 집에 살지

아니하고 장막과 성막 안에서 다녔나니(삼하 7:6).

예배 공간이 장막에 대한 기억을 보존하려면, 예배 안에 움직임이 있어야

한다. 하나님의 백성들이 세상에서 끊임없이 걸어다니며 하나님을 섬긴다는

진리를 전달해야 한다. 예배 공간은 막다른 골목이 아닌 순례자들을 위한 정

거장임을 분명히 해야 한다.

2) 성전

기원전 10세기 이후로 이스라엘의 예배는 짐승의 가죽으로 된 성막에서

돌로 만든 성전으로 전환되었다. 총 세 개의 성전이 한 장소, 예루살렘 시온산

에 건축되었다. 성막의 이동성을 통해 하나님께서 시간과 환경을 뚫고 움직

이시는 분이시라는 사실을 이스라엘에게 가르쳐 주었다면, 성전의 장엄함은

하나님께서 경이롭고 거룩한 분임을 가르쳐 주었다.

외경 **집회서**(Sirach)는 기원전 200년 경의 성전 예배를 드라마틱하게 그리

고 있다. 영광스러운 예복을 입은 제사장이 백성들로부터 포도주를 받아 제

단 앞에 붓는다.

(나팔이 울리자) 사람들은 일제히 모두 땅에 엎드려,

전능하시고 지극히 높으신 하느님이신,

그들의 주님을 경배하였다,

악사들은 찬미가를 불렀는데,

그 모든 노래는 아름다운 가락을 이루었다.

사람들은 지극히 높으신 주님께 탄원하고

자비로우신 분께 기도를 올렸다.

이렇게 주님께 바치는 예배가 끝나고

예식을 모두 마쳤다.

(집회서 50:17-19, 공동번역 개정판)

성전은 경외와 희생, 신비와 헌신의 장소였다. 예배 공간이 성전에 대한 기억을 보존하려면, 예배자들이 거룩하신 그분의 임재 앞에 엎드리면서 하나님의 경이로움과 초월성을 드러내야 한다.

3) 집

70년 로마에 의해 세 번째 성전이 무너졌을 때 유대교 예배의 초점은 기도와 교육의 집인 회당으로 옮겨갔다. 초기 그리스도인들 중 어떤 이들은 성전에서 예배했으나(눅 24:53), 그들은 또한 회당에서도 예배했고, 마침내는 회당 예배의 본질을 그들의 집으로 가져갔다.

회당이건 거주지이건 집에서의 예배는 예배의 강조점을 모이는 회중들에게로, 즉 교훈, 대화, 상호활동, 그리고 참여자들 간의 교제로 옮겼다. 특히 초기 그리스도인들에게 집에서 하는 예배는 모여서 떡을 나누는 식탁 교제를 가능하게 했다.

모든 예배 공간이 거룩함의 개념을 구체화시켰다. 성막이 역사를 통해 움직이시며 임재하시는 하나님의 거룩함을 전달했고, 성전이 모든 피조물을 자비와 위엄으로 다스리시는 하나님의 거룩함을 전달했다면, 집은 그리스도의 몸으로서 하나님의 백성의 거룩함을 보여준다. 성막이 "나를 따르라"(막 2:14)고 말했다면, 성전은 "네 발의 신을 벗으라 네가 서 있는 곳은 거룩한 땅이니라"(행 7:33)고, 그리고 집은 "너희는 택하신 족속이요 왕 같은 제사장들이요 거룩한 나라요 그의 소유가 된 백성"(벧전 2:9)이라고 말한다.

예배 공간이 집에서 하는 예배에 대한 기억을 보존하려면, 사람들이 모이는 공간을 제공해야 하며, 상호활동과 참여, 그리고 교제를 지원해야 한다. 성막으로부터 우리는 예배 안에서의 움직임을 배웠고, 성전으로부터는 경외함을, 집으로부터는 코이노니아, 즉 교제를 배웠다.

이제 이러한 예배 안에 있는 세 개의 자극들이 어떻게 예배 공간에서 실재하는지를 살펴 보자.

2. 하나님의 집에 모으기

우리 중 대부분에게 교회 건물은 예배가 행해지는 단순한 공간이다. 크건 작건, 아름답건 그렇지 않건, 평범하건 화려하건, 전통적이건 현대적이건 간에 말이다. 하지만 제임스 화이트와 수잔 화이트는 교회 건축에 대한 그들의 훌륭한 책에서 우리로 하여금 새로운 안경을 가지고 조금 다른 시각으로 예배 건물을 보도록 해 준다.

그들은 예배당을 예배 행위가 일어나는 일곱 개의 다른 공간의 조합으로 그린다. 모임을 위한 공간, 움직임을 위한 공간, 회중을 위한 공간, 성가대를 위한 공간, 성찬을 위한 공간, 세례를 위한 공간, 그리고 설교를 위한 공간이 그것이다.[6] "모든 공간들은 상호 연관되어 있으며," "전체는 독립된 부분들의 합보다 크다"라고 그들은 말한다. 예배 공간을 이러한 구분된 구역들로 분석함으로써 그들은 건물이 어떻게 예배를 효과적으로 돕는지와 성막의 이동, 성전의 경외, 그리고 집과 식탁의 교제가 어떻게 한 장소에서 이루어지는지에 대해 보다 명확하게 생각할 수 있게 해 준다.

활기찬 교회들이 어떻게 이 장소들을 사용하는지 보자.

1) 모임을 위한 공간

상징적으로 말해 하나님의 백성들은 그들의 삶의 현장인 세상에서부터 예배의 장소로 흘러 들어온다. 하지만 논리적으로 그리고 실제적으로는 주차장이나 교육관, 식당이나 성가대실, 휴게실과 화장실 등 여러 장소를 통해 예배당으로 들어온다. 그래서, 신학적 이미지와 보다 실제적인 흐름의 관점에서 예배에 모이는 문제를 생각해 볼 때, 교회는 사람들이 여러 방향으로부터 합쳐질 수 있는 장소를 필요로 하게 된다.

제3장에서 이미 우리는 얼마나 많은 현대 교회들이 더 크고, 환한 조명에 안락한 가구들을 갖춘 로비를 가지고 있는지 말했었다. 활기찬 교회들은 많은 부분에 있어서 이러한 경향을 따른다. 그들 중 어떤 교회들은 환영을 위한 공간을 예배당 밖에 더 마련한다(혹은 바닥을 바꾸거나 별실을 만남의 장소로 만들

---

6   White and White, *Church Architecture*, 18. 사실 저자들은 일곱 개의 공간 대신 여섯 개의 "공간들"과 세 개의 "예전적 중심"으로 명명한다. 하지만 두 개의 "예전적 중심"인 성찬상과 세례반은 "공간"에도 속하기 때문에, "공간"과 "예전적 중심"을 구분하는 것은 불분명해 보인다. "공간"에 속하지 않은 채 "예전적 중심"에 남아 있었던 설교단을 여섯 개의 "공간"에 추가시킴으로 일곱 개의 독립된 공간을 말할 수 있게 되었다.

기도 한다). 휠체어가 잘 들어올 수 있도록 교회로 들어오는 입구를 만들고 모임을 위한 장소로 향하는 모든 문들을 가능한 다 열어 놓는다. 그리고 본당으로의 진입을 위한 공간들이 잘 안내되고 있는가를 확인한다.

모임을 위한 공간을 따뜻함, 접근성, 환대의 장소로 꾸미는 것은 "집"으로서의 기능을 강조하는 것인데, 활기찬 교회들은 여기서 멈추지 않는다. 그들은 예배를 위한 장소가 공원이 아닌 관문이라는, 머무는 곳이 아닌 여행을 계속하는 곳이라는 사실을 확실하게 함으로 "성막" 기능도 강조한다. 부분적으로 이는 모임을 위한 장소를 지시함으로 이루어지는데 실은 간단한 일이다.

예를 들어, 어떤 활기찬 교회들은 게시판을 달고, 새가족용 등록 용지를 비치하며, 선교, 교육, 예배에 대한 안내지를 마련해 놓는다. 다른 교회들은 교회 모임이 어디에서 이루어지는가를 사진과 그림을 통해 안내한다. 또 교회의 과거 사진과 기록들을 게시하여 "우리는 이러한 길을 걸어왔으며 여전히 순례의 여정 가운데 있습니다"라고 보여주는 교회들도 있다.

모임을 위한 공간에 있어 통로로서의 요소는 또한 공간의 배열에 의해 그 의미가 전달된다. 그 공간에 들어올 수 있는 방법은 여럿이 있겠지만, 가구들의 배치가 사람들을 예배 공간으로 자연스럽게 인도해 주게 된다. "우리는 개인적으로 여러 장소에서부터 왔습니다. 하지만 우리 모두는 예배하기 위해 저 곳으로 함께 갈 것입니다"라고 그 공간이 말해주어야 한다. 그 공간이 예배에 대한 기대감을 상승시킨다.

2) 움직임을 위한 공간

많은 오래된 교회 건물들의 고질적인 문제 중 하나는 움직임을 위한 공간이 부족하다는 것이다(이는 모든 회중이 볼 수 있는 공간으로, 기도회, 축하와 헌신, 워십댄스, 악기 연주 등 활동적인 순서들을 위한 공간을 말한다). 보통은 장의자나 다른 기구들이 유용한 바닥 공간을 차지하고 있기 때문에 회중이 앉을 수 있고 교역자들이 설 수 있는 공간 외에는 별다른 공간이 나오지 않는다.

하지만 모든 활기찬 교회들은 움직임을 위한 공간을 마련하기 위해 고심한다. 움직임을 위한 공간은 "성막"의 주제를 연상시키고, "성전"과 "집"의 기능들도 역시 제시한다.

이 교회들은 어떻게 공간을 찾아냈을까?

새 건물을 가진 어떤 활기찬 교회는 여러 활동들이 가능하도록 본당을 디자인했다. 다른 활기찬 교회들은 회중석의 장의자를 없애고, 강단 가구들을 재배치하여 그러한 공간을 창출해 냈다.

어느 활기찬 교회의 목사는 그가 그 교회에 부임하자마자 예배와 관련된 두 가지 사실을 알게 되었다.

(1) 본당에는 움직임을 위한 공간이 절대적으로 부족하다.
(2) 필요한 가구들의 재배치는 논란을 가져오게 될 것이다.

허락을 얻는 것보다는 용서를 구하는 편이 쉽겠다고 판단한 그는 토요일 한 밤중에 관리집사와 함께 회중석의 장의자 제일 첫 줄을 떼어내고는 그것들을 창고에 숨겨놓았다. 다음날 회중들은 본당이 무언가 바뀌었다는 것을 알았지만 누구도 정확히 무엇이 바뀌었는지를 지적하지는 못했다. 모든 사람은 그저 본당이 조금 커졌다고 느꼈고, 어쨌거나 제일 앞자리에 앉는 사람은 아무도 없었기 때문에 늘 앉는 자리에서 옮겨간 사람은 없었다.

목사는 이 열린 공간에서 기도, 광고, 새가족 환영 등의 순서를 편하게 가질 수 있었다. 헌금송 시간에 오케스트라는 이 새로운 공간에 보면대를 놓을 수 있었고, 아이들을 위한 설교 시간에 아이들은 이 공간에 훨씬 편안하고 적극적으로 모일 수 있었다. 몇 주가 흘러 목사가 설교단에서 그가 행한 일을 "고백"하며 혹시 장의자들을 원래대로 복귀시키기를 원하는지 물었다. 아무도 원하지 않았다.

3) 회중을 위한 공간

활기찬 교회들은 함께 모이는 공동체라는, 예배의 "가정적인" 측면(house aspect)을 부각시키려고 회중석을 위한 공간에 그들이 할 수 있는 모든 일을 한다. 이동 가능한 의자들을 가지고 있는 교회는 의자들을 반원 모양으로 배열한다. 회중석이 고정되어 있는 교회에게는 두 가지 방안이 있는다.

첫째, 안내위원들이 뒤 쪽 자리들을 줄로 쳐놔서 가능하면 본당 앞자리부터 채우면서 편안하게 앉을 수 있도록 한다.

이것은 함께 모이는 서로에 대한 배려로, 혼자서 멀찍이 하나의 장의자를 차지한 채 앉아있는 모습과는 많이 다르다.

둘째, 회중석 앞쪽을 중심으로 따뜻하고 밝은 원형 조명을 비추게 한다.

예배의 중심 행위를 둘러싼 이 원형의 조명 연출은 특별히 크고 그림자가 많이 지는 성당 스타일의 예배당에서 효과적이다.

회중을 위한 공간의 활용이 항상 예배의 "가정적인" 측면을 강조하는 것은 아니다. 반원 형태로 의자들을 배열해 놓은 교회들도 단지 서로를 바라보는 것을 너머 사람들이 강대상 쪽을 향하고 있는 지도 중시한다. 이는 "성전" 이미지에서 나오는 확신, 즉 교회는 단지 교제가 아니라 궁극적으로 그 자신 너머에 있는 실재(reality)를 만나기 위해 모인다는 확신을 보여준다.

이 뿐 아니라, 여러 교회들이 강단 쪽에 다양한 장식들과 상징물들을 두고 있기에, 몇몇 활기찬 교회들은 회중을 위한 공간의 배너, 포스터, 그리고 다른 장식들의 색깔 및 시각적인 힘에 주목한다.

예를 들어 한 활기찬 교회는 오순절 주일에 본당 높이에 맞춰 각 벽면에 강렬한 붉은 색의 천을 물결처럼 흘러 내리도록 했다. 이파리가 있는 나무 열 댓 그루를 본당 전체에 두었는데, 각 가지마다 빨간색과 오렌지색의 카네이션으로 장식을 했다. 성찬상 앞에는 붉은 장미꽃들을 뿌려 놓았고, 중층이 보이는 쪽에는 포도나무가 한 그루 있었는데, 역시 빨간색 오렌지색 꽃들로 가득 채웠다. 한 마디로, 예배당 전체가 선명한 색과 활동성으로 불타오르고 있었다. 모든 곳마다 오순절의 불길이 가득했다.

4) 성가대를 위한 공간

대부분의 활기찬 교회들은 성가대의 이중 기능을 건축적인 측면을 통해 강조하고자 애쓰는데, 성가대원들은 예배자이면서 동시에 예배 인도자들이기

때문이다. 성가대를 정면 가운데에 위치시키는 것은 그들을 회중의 인도자라
는 위치에 멈추게 하고 거룩한 음악의 공연자로 만드는 것이다.

게다가 시각적으로 이러한 배치는 성가대가 회중의 일부로서 기능한다는
사실을 받아들일 수 없도록 한다. 반대로, 성가대를 뒤쪽이나 중층 등 시야에
서 벗어난 곳에 위치시키는 것은 너무 반대급부로 간 것이다. 그들은 보이지
도 않으니 예배 인도자로서 섬길 수 있는 능력이 감소하게 된다.

이상적인 성가대의 위치는 "경계선"상이다. 이는 회중 가운데에서 그들의
음악이 회중들로부터 나온다는 것을 보여주며, 동시에 잘 보이고 잘 들려서
음악적인 리더십을 실행할 수 있게 해 주는 위치를 뜻한다. 이 "경계선"상의
위치를 찾는 것은 독창성과 더불어 포용의 의지가 있어야 한다.

어떤 활기찬 교회는 성가대를 회중의 가장 앞쪽에 배치하고, 다른 교회는
성가대원들이 회중을 둘러쌀 수 있도록 배치한다. 멕시코 전통음악을 주로
하는 성가대를 가진 또 다른 교회는 측면에 밴드를 두었다. 여전히 오래된 예
배당에 있는 교회들은 성가대석을 따로 두는데, 그 대신 노래할 때는 움직임
을 위한 공간으로 나와서 하도록 함으로서 그들이 회중의 일부임을 나타냄과
동시에 특별한 음악을 위해서는 회중이 볼 수 있고 들을 수 있도록 한다.

5) 성찬을 위한 공간 / 6) 세례를 위한 공간 / 7) 설교를 위한 공간

대부분의 활기찬 교회들은 가능하기만 하다면 성찬, 세례, 그리고 설교를
위한 중요한 예배 공간들을 회중을 위한 공간 가까이에 위치시키고 싶어한
다. 이 공간들을 회중에게 가까이 두기 원하는 목적은 실용적인 이유 때문이
다. 즉 성찬과 세례, 그리고 설교가 명확하게 보이고 들리게 하기 위함이며,

또한 신학적인 이유 때문인데 예배가 이러한 순서들을 중심으로 회중과 함께 한다는 진리를 상징하기 위함이다.

그러나 중요한 사실은 비록 이러한 세 개의 공간들이 회중에게 더 가까이 간다고 해도, 그 공간은 독립된 채 절대 회중을 위한 공간과 합쳐지거나 섞이지는 않는다는 것이다. 친밀함과 편안함이라는 미명 하에 예배를 "현대적"으로 만들려는 교회들이 저지르는 전형적인 실수 중 하나는, 모든 예배 공간을 회중을 위한 공간으로 만들어 버리는 것이다.

예를 들어, 설교자가 설교단이나 강단의 어느 곳에 머무르지 않고, 계속하여 오르락내리락하고 온 예배당을 돌아다니면서 설교하는 것이다. 또 성찬상과 세례기를 필요할 때만 내놓고 그렇지 않을 때에는 창고에 집어넣는 것이다.

하지만, 활기찬 교회들은 접근성과 동시에 필요한 거리와 구분을 유지한다. 이것은 경외와 신비라는 예배의 "성전" 이미지를 보존하는 것이다.

어떤 활기찬 교회들의 예배는 회중 중앙의 움직임을 위한 공간에서 행해지지만, 중요한 것은 어떤 설교자도 회중을 위한 공간을 넘어 돌아다니면서 설교하기 위해 설교단의 상징성을 포기하는 경우는 없다는 사실이다. 설교단은 회중 가까이에 위치하지만, 은혜의 말씀이 회중 너머 하나님께로부터 온다는 것을 분명히 보여준다. 예배를 비교적 자유로운 형식으로 행하는 활기찬 교회들이 성찬상을 회중의 중심에 두는 경우에도 성찬은 경외함을 가지고 받아야 하는 것이라는 사실에 대해 합의된 이해가 깔려있다.

3. 변하지 않는 겸손과 흥분

기독교 예배는 변한다. 그러니 교회 건축도 마땅히 변해야 한다.… 1950년대
에는 아무도 배너나 커다란 세례반, 혹은 이동 가능한 회중석 의자를 생각하
지 못했을 것이다. 보다 겸손한 건축이 보다 잘 섬길 수 있다.7

제임스 화이트와 수잔 화이트의 말이다. 실제로 활기찬 교회들이 건물의
효용성을 극대화시키는 방법 중 하나는 화려해지는 것이 아니라 겸비함을 갖
추는 것이다. 구닥다리보다 나을 게 없다고 여기는 것이다. 그들은 모임을 위
한 공간의 문을 활짝 열었고, 회중을 위한 공간을 쾌적하게 만들었으며, 공간
을 정리하고 하나님의 임재하심의 상징들을 회중 가까이 오게 하였다.

하지만 그렇게 함으로써 그들은 예배 안에서의 흥분, 색깔, 그림, 그리고
움직임의 감각들 역시 새롭게 가졌다. 예배 공간은 노래와 움직임, 찬송과
헌신, 순종과 헌신을 통해 쏟아져 나오는 하나님과 인간 사이의 만남에 대
한 기대감으로 진동한다.

Beyond the Worship Wars:
Building Vital and Faithful Worship

7 Ibid., 10-11.

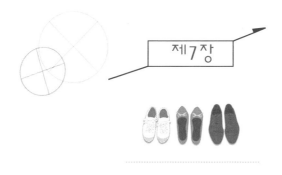

여기서 섬기라:
이웃과 사명

얼마 전 나는 한 지역 교회에서 가르치고, 설교하고, 스태프들과 만나고, 직원들 및 다른 이들과 이야기를 나누면서 며칠간을 보냈다. 그들과의 시간이 끝나고 몇몇 사람들이 공항까지 배웅해 주었다.

가는 도중에 그들이 물었다.

"우리 교회에 대해서 어떻게 생각하시죠?"

늘 그렇듯이 정중하게 답했다.

"너무 좋았습니다. 온 교회가 저를 정말 편하게 해 주셨어요. 있는 동안 행복했습니다."

이것은 사실이었다. 그 교회에 대해 못마땅하게 여긴 것이 있긴 있었지만, 그것이 무엇인지 정확하게 짚어낼 수는 없었다.

한 여성이 말했다.

"안 그래요. 최근에 우리 교회에 대해 걱정하는 이들이 있습니다. 솔직하게 말씀해 주세요."

차 안이 기대감으로 고요해졌고, 나는 허심탄회하게 말할 수 있는 기회를 받아들이기로 했다.

"정말 좋았어요. 약간 불안한 점들도 있었지만, 무어라 콕 집어 말씀드릴 수가 없네요. 모든 것이 긍정적으로 보입니다. 교회는 조금씩 성장하고 있고, 스태프들도 능력 있어 보이고, 예배에 참여하는 이들도 많고, 커다란 문제는 없어 보입니다. 정말 그래요. 잘 모르겠어요...."

"활력이 없잖아요."

누군가 말했다.

"모든 것이 잘 돌아가지만, 열정이 없어요. 예배가 그냥 그래요."

다른 이들도 수긍하며 고개를 끄덕였다.

자물쇠가 열렸다.

내가 대답했다.

그게 바로 내가 느꼈던 것입니다.

제대로 말해주었네요.

여러분의 교회는 행복해 보입니다.

어느 누구도 공동의회에서 고함을 지르진 않지만, 에너지가 흐르는 강 같다

기보다는 자족의 웅덩이 같은 분위기였어요.

회중들의 삶에 대한 방향 제시도, 당신들이 하고 있는 사역에 대한 흥분도

없었어요.

나에게 한 가지 확실해 진 것은, 며칠간 이 교회와 함께 하면서 이들의 삶의 다양한 국면들에 참여해 보았지만, 여전히 이들이 어떤 공동체인가 하는

것과 이들이 세상에서 무엇을 해야 하는지에 대해서는 분명히 알지 못했다는 것이다. 가게에 갔는데 뭘 파는지 몰랐던 것이고, 음식점에 갔는데 무슨 요리를 먹었는지 몰랐던 것이다. 표면적으로는 좋은 교회였지만 난 그들의 사명에 대해서는 알지 못했다.

> **너희는 세상의 소금이니 소금이 만일 그 맛을 잃으면 무엇으로 짜게 하리요**
> (마 5:13).

물론 교회는 복잡다단한 유기체이다. 교회는 절대 하나의 관점으로 좁혀질 수 없고, 그렇게 만들려고 해서도 안 된다. 그렇다 하더라도, 누군가 건강한 교회를 오랜 시간 기웃거린다면 그 유기체의 중심으로 무엇을 섬기고 있는지, 그리고 어디에 그들의 열정과 헌신의 중심이 놓여있는지 분명히 알게 될 것이다.

어떤 교회에게는 복음 전도일 것이고, 다른 교회는 교육, 또 장애인 사역과 교제, 그리고 가정 사역이 될 것이다. 건강한 교회에는 특별한 것이 있다. 그들은 열정을 고취시키고 참여를 독려하는 확고한 사명이 있다. 내가 방문했던 교회의 문제점은 모든 것이 너무 잘 갖춰져 있어서, 갈 곳이 없다는 것이었다.

대조적으로 활기찬 교회들은 확실한 사명을 가지고 있다. 생생한 에너지가 넘치는 활동과 봉사가 교회의 특별한 정체성을 알게 해 준다. 그리고 이 사명의 여파는 예배를 포함한 삶의 모든 영역에서 느껴진다. 따라서, 활기차면서도 경건한 교회의 또 다른 표지는 다음과 같이 진술될 수 있다.

특징 6.

활기차면서도 경건한 교회는 예배와 지역을 위한 사명 사이의 강력한 연계를 가지고 있다. 그리고 이 연계가 예배의 모든 요소마다 표현된다.

교회의 사명이 어떻게 그 정체성을 형성해 주는지를 가늠할 수 있는 좋은 방법은 이런 실험을 해 보는 것이다.

당신이 잘 아는 교회를 대여섯 개 생각해 보라.

그리고 각 교회를 한 문장으로 묘사해 보라.

이런 식으로 간단하게 묘사할 수 있을 것이다.

"성앤드류교회는 노숙자를 위한 좋은 식사제공 프로그램이 있어요."

혹은 "믿음교회는 가정사역을 위한 새로운 프로그램과 가족의 재활을 위한 사역이 있어요."

그것도 아니면 "중앙교회는 사업가들을 위한 사역에 깊이 헌신되어 있어요."

또 "모리스교회는 젊은이와 청장년을 위한 사역을 정말 잘해요."

아니면 "삼위일체교회는 찬양과 설교가 진짜 좋아요."

이제 당신이 막연하게 알고 있었던 것보다는 각 교회에 대해 명확하게 볼 수 있을 것이다.

하지만 이런 인상들은 어디서부터 온 것인가?

교회들은 신학과 프로그램과 사명 등 다양한 면에서 평가를 받는다. 그들은 교회가 정한 방향성에 따라 사역의 자원들을 바꾸기 때문에, 이런 평가들이 정확한 것이라고 한다면, 이는 그 교회들이 돈, 시간, 에너지를 어떻게 사용하는가를 보여주는 지표이다.

두 가지를 유의해야 한다.

첫째, 건강한 교회는 집중된 헌신과 명확한 사명을 가진다는 진리를 반복적으로 알려줘야 한다.

그렇다고 교회들이 한 가지 목적을 가져야 한다거나, 교회의 삶의 다양한 스펙트럼이 하나의 주파수로 압축될 수 있다는 의미는 아니다.

몇 년 전 패스트푸드 시장에서 좋은 위치를 차지하기 위해 KFC는 이런 광고를 하였다.

"우리는 한 가지를 잘 합니다. 우리는 치킨만 합니다."

이 광고는 웬만한 음식을 다 해보려고 하지만 맛은 다 그저 그런 음식점과는 대조적으로 KFC는 그들에게 딱 맞는 옷을 입고, 패스트푸드의 사명에 맞는 목표를 설정하여, 훌륭하게 그것을 이루어냈다는 것을 말하려는 것이다.

하지만 교회는 KFC와 같지 않다. 사명에 대한 날카로운 정의가 있다고 해서 교회의 사역과 프로그램이 줄어드는 것은 아니다. 오히려 교회가 완전한 모양을 갖추어 활동할 수 있도록 방향성과 일관성을 제시해 준다.

"제일교회"(First Church)의 예를 한 번 생각해 보자.

중서부 어느 도시 중심가에 위치한 중간 사이즈의 매우 활동적인 교회이다. 40년 전에는 많은 교회들이 도시 중심을 차지하고 있었다. 하지만 사람, 주택, 자본이 주변으로 옮겨감에 따라 교회들도 점차로 그렇게 되었다. 하나씩 중심가 교회들은 외곽지역 부동산들을 매입했고 제일교회만이 중심가에 남게 되었다. 제일교회의 리더들도 이주를 생각하고, 적당한 땅을 보기 위해 부동산 시장을 기웃거렸다. 그러나 그들은 도시 중심에도 그리스도의 증인들이 필요하다고 결론을 내렸고 중심가에 남기로 신중하게 결정을 내렸다.

멀찍이서 제일교회를 보면, 비슷한 규모의 교회들과 다를 바가 없어 보인다. 직원도 있고, 주간예배 스케줄, 교육 프로그램들, 주중 성경공부들에, 한

달에 한 번은 구역별로 식사도 하고, 청년사역도 한다. 의류 바자회, 음식 배급소, 방과 후 학교, 문화 교실 같은 사회봉사 프로그램들도 있다.

하지만 좀 더 가까이서 보면 제일교회의 삶의 모든 국면들은 중심가에서 증인이 되기 위한 목표 때문에 형성되었다는 것을 확실히 알 수 있게 된다. 담임목사가 지역 사회의 임원이다. 예배에서의 기도와 찬송과 설교는 도시를 위한 교회의 사명을 반영한다. 교회학교는 종종 지역에서 일어나는 일들에 참여한다. 청년들은 음식 배급소와 의류 바자회를 돕는다. 구역별 식사시간에 노숙자들을 정기적으로 초대한다. 그리고 성경공부반 중 하나는 목요일 아침 7시에 있는데, 지역 직장인들을 위해 간단한 식사를 준비한다.

한 마디로, 제일교회는 도시 중심가의 빛인 것이다. 하지만 제일교회의 삶은 "우리는 한 가지를 잘 합니다"보다 훨씬 복잡하다. 그들은 백 여 가지의 일을 하는데, 그 모두를 잘한다. 그들이 하는 모든 일은 주요 사역에 맞춰 형성되고 거기에 집중한다.

둘째, 건강한 교회들이 명확하게 집중된 사역 정체성을 가지고 있다 해서 교회의 모든 성도들이 같은 방법으로 그들의 사명을 묘사하는 것은 아니라는 사실이다.

종종 교회의 핵심적인 정체성은 잘 드러나지 않는다. 다만 교회의 모든 활동을 깊숙이 누비고 다니면서 교회의 배경을 이룬다. 눈에 보이지는 않지만 실제로 교회를 형성하고 있다. 기독교 교육학자들이 종종 말하는 교회의 삶에 "내재된 커리큘럼"(implied curriculum)이다.

사르디스교회(Sardis Church)의 경우를 생각해 보자.

대도시 빈민가에 위치한 주목할 만한 교회이다. 대부분의 교회들이 인종과 계층에 따라 분류되는 사회에서 사르디스교회는 빈자와 부자가, 다양한 인종들이, 다양한 문화와 배경에서 온 사람들이 어우러지는 교회이다. 이 교회의 중심 사명은 "만민이 기도하는 집"이 되는 것인데, 이 사명이 환대, 화합, 차별금지, 그리고 상호 간의 이해를 최우선 과제로 두게 했다.

교회는 그 사명에 충성한다. 누구라도 사르디스교회의 문을 들어서면 곧 따뜻한 환영을 받게 되고 교제를 위한 공간으로 안내될 것이다. 어떤 이는 사르디스교회는 "영적인 포트락(potluck) 식사"[1]라고 표현했다. 모두가 각자의 은사를 가지고 예배의 자리로 나아오면, 그 은사들을 분류하여 받아주고, 다른 이들의 은사들과 더불어 잔칫상에 올려 놓는다.

최근에 "다문화, 다인종, 다계층 교회"에 대해 연구하는 어느 사회종교학자 팀이 사르디스교회를 보게 되었다. 그들은 곧 이 교회가 환대와 통합의 실천에 있어서 확실한 일관성이 있다는 것을 알게 되었다. 함께 예배하고 함께 사역함으로 사르디스교회는 사람들을 불러모으고, 상호 이해의 정신을 창출하고, 다양한 그룹의 사람들이 하나되어 예배하고 봉사하도록 한다.

하지만, 연구자들이 사르디스교회의 성도 개개인에게 다가가서 사르디스교회의 사역 방식에 대해 물었을 때, 놀라우리만큼 다양한 종류의 신학적 견해들이 나타났다. 근본주의의 경계에 서 있는 사람들은 사르디스교회가 성경을 문자적으로 지킬 수 있도록 해 준다고 믿고 있었다.

자유주의 신학에 속한 이들은 "우리 교회는 모든 사람이 평등하다는 사실을 공표합니다"라고 하였다. 어떤 이들은 심리학적 용어를 사용하며 사르디스교회의 사명을 "자존감을 높여 주고, 전혀 다른 이들을 수용할 수 있는 수준

---

1   각자가 조금씩의 음식을 가지고 와서 함께 나누어 먹는 식사.

까지로의 성장"의 관점에서 말한다.

환언하면, 사르디스교회의 "내재된 커리큘럼"이 기도와 환영의 공동체를 형성하고, 사르디스교회의 성도들은 삶과 예배와 사역에 있어 주목할 만한 조화를 이룬다. 동시에 그들은 이것을 아주 다른 방식으로 말한다. 연합과 환대와 화합이라는 사르디스교회의 사명은 잘 드러나지는 않지만, 그들의 실천에서 구체화된다. 비록 성도들은 공통의 언어로 그것을 설명하지 않는다 해도 말이다.

1. 살롱 도어(salon door) 흔들기

예전에는 주보 앞면에 "예배하기 위해 들어오고 섬기기 위해 흩어지라"는 문구를 사용하는 교회들이 많이 있었다. 예배하기 위해 본당으로 들어오고, 그리고 나면 그리스도인으로서 세상을 섬기기 위해 나가야 한다는 것을 뜻한다.

하지만 이 문구에서처럼 예배(worship)와 섬김(service)이 그렇게 단순하게 구분되는가에 대해 지적하는 비판도 있다. 예배에서 세상을 위해 기도할 때, 그것은 섬김의 한 형태이다. 또한 굶주린 자를 먹이고 병든 자를 돌보고 정의를 위해 일하는 것도 예배적인 행위이다.

비유적으로 본당의 출입문은 옛날 선술집의 문처럼 안팎으로 흔들거리는 살롱 도어여야 한다.[2] 교회가 사람들의 주거 문제를 두고 기도한다면, 그 기도

---

2 서부영화에 많이 나오는, 가슴 높이 위에만 문이 있고 밑에는 비어있는 형태의 문을 생각하면 된다.

는 문을 통해 사랑의 집 짓기 운동으로 흘러나가야 한다. 또, 교회가 사랑의 집짓기 운동을 하고 있다면, 선한 주거환경을 위한 기도와 설교가 그 문을 통해 흘러 들어와야 한다.

활기찬 교회들에게 예배와 사명 사이의 관계 형성은 필수적이다. 예배의 모든 말들과 표현들이 기계적으로 사명들과 연결되는 게 아니다. 그 이상이다. 잘 드러나지는 않을지라도 예배 전체의 순서들을 통하여 회중은 교회가 세상 가운데 어떤 일을 행하는지를 인식한다.

의사와 간호사들의 아침기도회를 상상해 보라.

치유와 연민과 판단력을 위한 언어들이 기도회 내내 울릴 것이다.

위험한 지역에 평화사절단으로 파견되는 UN군의 예배모습을 상상해 보라.

평화와 화해와 위험한 때에서의 보호에 관련된 언어들이 가득할 것이다.

굶주린 아이들을 위해 의회에서 더 많은 예산을 책정하라고 촉구하는 구호단체의 예배장면을 상상해 보라.

굶주림과 공급, 정의와 희망의 언어들이 기도를 가득 채우지 않겠는가.

이런 그룹들과 함께 예배하면 기도와 찬송과 설교를 통하여 곧바로 그들의 사명이 무엇인지 알게 될 것이다.

한 활기찬 교회는 다운증후군을 비롯해 정신적으로 심약한 아이들을 돌보는 국영 시설에서 열심히 사역한다. 그 교회의 성도들은 이 아이들을 돌보고 가르치는 데에만 그들의 시간을 헌신하는 것이 아니라, 일요일 아침에 그 시설로 가서 가능한 많은 아이들을 예배에 데리고 온다. 매 예배마다 예닐곱 명의 이런 아이들이 함께 예배하는데, 그들은 찬송을 할 때 아주 튀는 소리를 내지만 사람들은 즐겁게 반응해 준다.

이 교회는 매주일 성찬을 시행하는데 성찬상을 둘러서 모두가 손을 잡은 채 큰 원을 그린다. 집례자는 이 성찬의 상이 그리스도께 속한 것이니 누구라도 함께 할 수 있다는 것을 상기시켜주며 사람들을 성찬의 자리로 나아오게 한다. 그러면 회중이 이와 같이 화답한다.

"누구라도 이 상에 나아올 수 있습니다."

다운증후군 아이들의 화답소리는 진실로 기쁨의 화답이다. 이 아이들이 교회 사명의 핵심이다. 동시에 그들은 예배의 참여자들이다. 따라서, 언제 예배가 끝나고 섬김이 시작되는지 말하기가 어려운 것이다.

대도시에 위치한 또 다른 활기찬 교회는 도시 예술단체를 위해 사역한다. 그 교회는 특별히 배우들, 화가들, 음악가들, 댄서들, 조각가들, 그리고 다른 예술인들을 위한 성경공부 모임과 기도회를 인도한다. 지역 주민을 위한 전시장으로 사용되도록 교회 건물을 개방한다.

그 결과, 이 교회의 예배는 예술작품들로 가득하다. 주중에 교회로부터 봉사를 받은 예술가들이 일요일에는 그들의 재능으로 헌신하기 때문이다. 주보 앞면부터 시작해서 로비의 벽면과 예배음악, 절기별 본당 장식과 예배안무까지, 사명과 예배의 관계가 시각적으로 청각적으로 나타난다.

또 다른 활기찬 교회는 그들의 사명이 사회의 양심을 위해 지역 공동체에 참여하는 것이라고 믿는다. 그 교회의 성도들은 종종 시의회, 학부모 모임, 공청회에 참여하여 가난한 자들, 노숙자, 수감자, 그리고 스스로 정치적 목소리를 낼 수 없는 이들을 위해 발언한다. 매년 성금요예배(고난 주간 중 성금요일에 드리는예배 - 편집주)는 이 교회에서 가장 독특한데, 그들의 사명과 관련하여 예배를 하기 때문이다. 예배는 기도, 절기에 맞는 찬양, 고난에 관한 성경 구절 등 통상적인 순서들을 가진다.

하지만 대부분의 순서들은 본당에서 행해지지 않는다. 시작송과 기도를 위해 사람들은 교회에 모인다. 그리고는 버스를 타고 지역의 몇 군데를 향하여 간다. 그들은 지역에 있는 교도소에서 내려 예수님이 붙잡히신 내용의 성경 본문을 읽는다. 예수님 역시 수감되셨다는 사실을 기억하며 수감자들을 위해 기도한다. 그리고는 법원으로 가서 예수님이 판결 받으시는 본문을 읽는다.

예수님처럼 재판 중에 있는 이들을 위해 기도한다. 그리고 공동묘지로 가서 주님처럼 죽음을 앞두고 있는 이들을 생각하며, 예수님의 죽음과 장례의 본문을 읽는다. 정사예배의 위대한 이야기가 지역공동체와 함께 진행되며, 교회의 사명의 대상인 지역공동체가 예배에 함께 참여하게 된다.

2. "사명을 위한 시간" 확대하기

많은 교회가 예배 중에 "사명을 위한 시간"(Minute for Mission)을 가진다. 어떤 프로그램이나 사명에 대해 성도들에게 설명해 주는 시간이다. 물론 "사명을 위한 시간"이 가지는 장점들이 있다. 회중들은 사명에 대해 듣고 싶어 한다. 리더들은 그들의 사역에 대해 보고할 시간이 필요하고, 이런 다양한 사역을 감당하기 위해 다른 이들의 동참을 독려하는 광고도 필요하다.

하지만, 표현이 문제이다. "사명을 위한 시간"이라는 표현은 이것이 예배와는 동떨어져 있는 좀 더 작은 "무엇"이라는 뜻을 전달한다. 마치 누군가가 예배 중에 잠시 정지 버튼을 누르고 사명에 대한 소개를 삽입해 넣는 것처럼 말이다.

활기찬 교회들은 "사명을 위한 시간"을 따로 갖지 않는다. 세상을 향한 부르심과 교회의 정체성을 밝혀주는 섬김은 그들의 예배 전체에 흐른다. 기도와 찬송, 설교와 광고에 내재한다. 왜냐하면 제3장에서 이미 본 바와 같이 사람들은 위대하고 거룩한 일에 자신을 드리기 원하기 때문이다. 사람들은 다른 이들과 함께 자신을 헌신하기 위하여 그리고 하나님을 섬기기 위하여 교회에 온다. 헌금바구니가 지나갈 때 단지 돈만 넣는 것이 아니라 우리의 사명과 우리 자신 또한 드린다.

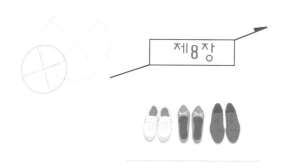

제8장

기쁨의 춤을 함께 춥시다: 기억과 축하

나는 현장 목회자가 아니라 신학교 교수이다. 그래서 때때로 설교 부탁을 받을 때가 있다. 담임목회자가 휴가 중이거나 안식년일 때 혹은 병 중에 있어서 대체자가 필요할 때 나를 부른다.

그런 교회들에 가면 나는 항상 그 교회에 대해 가장 잘 아는 것처럼 보이는 사람을 찾아가 그 교회는 어떻게 예배를 하는지 물어본다.

찬송가 몇 장을 부른다고 인도자가 말을 해 주는지?

주기도를 하는지, 그리고 참회, 빚, 죄악 같은 용어들을 사용하는지?

사도신경을 할 때 "음부에 내려가시고"도 고백하는지?

헌금기도를 하는지?

한다면 헌금 전에 혹은 후에 하는지?

기도할 때는 서서 하는지, 앉아서 혹은 무릎을 꿇고 하는지?

축도가 있는지?

한다면 강대상 중심의 설교단에서 하는지 혹은 본당 뒤에서 하는지?

이런 실제적인 질문들 말이다.

놀랍게도 내가 질문하는 사람들은 대부분 확실하게 알지 못한다. 비록 수십 년간 그 교회에서 예배를 드렸다 하더라도, 머리를 긁적이며 허공을 바라보다 어림짐작으로 말해주거나 예배의 흐름에 대해 전혀 감도 잡지 못한다고 솔직하게 말해 준다. 수년간 매주 예배를 드렸던 사람도 목사가 축도를 앞에서 하는지 뒤에서 하는지 와이어를 매고 공중에 매달려서 하는지 제대로 말하지 못한다(오르간 연주자는 예외이다. 그들은 순서에 따라 연주를 해야 하므로 알고 있다).

예배자들이 예배의 흐름을 정확히 기억 못하는 것이 나쁜 일처럼 들릴 수 있지만, 사실 이것은 자연스러운 일이고 어떤 면에서는 좋은 일이다. 사람들이 예배를 순서순서마다 기억하지 못하는 주된 이유는 그들이 관심이 없거나 주의를 기울이지 않기 때문이 아니라 예배는 배우면서 저절로 외워지는 춤과 같기 때문이다.

빠른 속도로 타이핑을 할 때 자판의 위치들이 이미 머리에서 손가락으로 이동해 있는 것과 마찬가지로, 사람들은 언제 일어설지 언제 앉을지 예배에 대해 어떻게 반응할지를 아는데, 그것은 예전적 순서를 정확히 외워서 하는 것이다 아니라 그저 몸이 따르는 대로 행동하는 것이다. 거기에 더 깊은 지혜가 있다.

한 마디로, 최고의 예배는 익숙한 몸동작의 표현과 우리가 어떻게 하나님의 임재 앞에 있는가에 대한 깊은 기억을 가지고 행해진다. 그래서 활기차고 경건한 교회의 또 하나의 특징은 이것이다.

> **특징 7.**
> 활기차면서도 경건한 교회는 비교적 안정된 예배 순서, 예배의 중요한 요소들,
> 그리고 그것들을 외워서 반응해 주는 회중들이 있다.

교회가 무언가를 외우고 있다는 말이 그것을 교회 내 모든 사람들이 외우고 있다는 말과 정확히 같은 뜻은 아니다. 그룹은 그 그룹을 구성하는 개인이 무엇을 알지 못하는지를 알지 못한다. 모든 교회에는 지식과 기억에 있어 다양한 수준의 사람들이 있다.

어린이나 방문자, 치매환자와 새신자들은 다른 이들에게는 익숙한 찬송가, 신앙고백, 기도의 용어들을 아직 알지 못하거나 잊어버렸을 수 있다. 하지만 이런 사람들도 예배에 참석하면 그 기억의 경험을 다른 이들과 함께 나눈다. 그룹이 외우고 있었던 일이 다른 이들의 마음에서 각인되는 것이다.

앞으로도 내가 잊지 못할 경험이 하나 있다. 전에 내가 다니던 교회에서는 인도자가 "사도신경으로 우리의 신앙을 고백하겠습니다"라고 하면 회중이 모두 서서 거룩한 중얼거림을 했다.

"나는 전능하신 아버지 하나님, 천지의 창조주를 믿습니다...."

바로 그 순간 이런 상황에서 한 번도 들어보지 못한 소리를 듣게 되었다. 11살 먹은 내 아들 데이빗이 내 옆에 서 있었는데, 그가 신앙고백을 따라 하는 것이다.

"...나는 그의 유일하신 아들 우리 주 예수 그리스도를 믿습니다...."

부모로서 나는 너무 놀랐다.

어디서 내 아들이 삼위일체적 신앙고백을 배웠단 말인가?

아내와 나는 데이빗에게 한 번도 사도신경을 가르친 적이 없다. 식탁에 앉

아 "나는 전능하신 아버지 하나님, 천지의 창조주를 믿습니다"라고 씌여진 카드를 읽어 준 적도 없다. 그는 예배에서 매주 그것이 반복되는 것을 들으면서 배운 것이다. 그리고 그 기억이 굳어지자 자극을 받아 일어서서 확신을 가지고 동참하게 되었다. 신앙고백을 외움으로서 데이빗은 앞으로 다른 이들처럼 무언가를 외워서 기억하는 회중이 된 것이다.

1. 누군가의 발을 밟는 실수

교회가 예배를 외워서 그리고 효과적으로 하기 위해서는 최소한 세 가지의 중요한 요소들이 충족되어야 한다. 안정된 예배 순서, 드라마적 긴장이 있는 순서, 기억에 근거한 회중들의 반응이 그것이다.

첫째, 안정의 문제이다.

간단히 말해 공예배에서는 예배의 순서가 단단히 고정되어 있지 않으면 진정한 파워를 얻을 수 없다. 이것은 어쩌면 보다 역동적이고 호감가는 예배를 만들고자 하는 교회들에게는 매력적으로 들리지 않을 수도 있다.

매주 예배가 반복되다 보면 곧 익숙해져서 지루해지지 않을까?

"요거 했고, 조거 할 차례고" 하는 식으로 대부분의 시간이 예측 가능하다면 하품 나는 일이 되지 않을까?

상식적으로는 틀에 박힌 것에서 탈피하는 방법은 신선한 순서들과 깜짝 놀래키는 요소들로 예배를 채우는 것이다.

하지만 실제로 일상적인 예식들을 보면, 더 강렬한 것일수록 더 적게 변화한다. 출근길에 시간 때우기로 듣는 라디오 프로그램의 진행자는 매일 새로운 유머를 준비해야 한다.

그러나 결혼식, 장례식, 회갑잔치나 성탄절 행사 등은 익숙하고 친근한 길로 가기를 원한다. 반복되는 패턴의 예식들은 따분한 반복으로 빨리 지나가기를 바라게 만드는 보이스피싱과 같은 것이 아니라 홈쇼핑 호스트와 같다. 우리를 깊이 빠져들게 한다.

물론 오래되고 강렬한 예식들도 변하기는 하지만, 서서히 진전되면서 점차적으로 새로운 환경을 받아들인다. 절대로 예배 순서를 바꾸지 않는 교회는 반드시 어려움을 당할 것이다. 하지만 매주 예배 순서를 바꾸는 교회는 더 큰 어려움을 당할 것이다. 아무 것도 기억되지 않기 때문이다.

C S 루이스의 유명한 말이 있다.

> 새로움 그 자체는 오락적 가치밖에 없네. 그런데 대다수 교인들은 오락을 목적으로 교회에 가는 게 아니거든. 그들은 예배를 활용하기 위해, 다시 말해 예배에 참여하기 위해 교회에 가지…. 이 일[예배에 참여하는 것]을 가장 잘 하도록 해주는 예배란 오랜 시간 동안 친숙해서 별다른 생각 없이도 몰입할 수 있는 예배일세. 스텝에 신경 쓰느라 몇 걸음인지 일일이 세어야 한다면 그건 춤추는 게 아니라 춤을 배우는 거라고 해야겠지…. 완벽한 교회 예배는 그 형식을 거의 의식하지 못하는 예배, 그래서 우리의 관심이 하나님께로만 향하는 예배일 거야.[1]

---

1   C. S. Lewis, *Letters to Malcolm: Chiefly on Prayer* (New York: Harcourt, Brace, & World, 1963), 4; 홍종락 역, 『개인기도』 (서울: 홍성사, 2007), 7,8.

예배자가 춤추는 법을 잊어버렸다면, 세지 않아도 자신의 발을 보지 않아도 스텝을 밟을 수 있도록 배워야 한다. 예배 순서가 자주 바뀐다면 회중들은 신선하고 좋다며 재미있어 하겠지만, 동시에 그들은 자리에 앉은 채 플로어에서 춤추기는 거부할 것이다. 따라서 효과적인 예배를 위해 안정된 예배 순서는 중요하다.

하지만 안정성 하나만으로는 부족하다. 안정된 패턴도 나쁜 예배로 인도할 수 있다. 왜냐하면 예배의 순서들이 지루하고, 시시껄렁하며, 심지어 파괴적일 수도 있기 때문이다. 이 점이 외워서 예배하고자 하는 사람들에게 필요한 둘째 요소로 인도해 준다.

둘째, 예배 순서는 드라마틱해야 하고 긴장감이 있어서 예배자들이 그들의 마음을 두고 싶도록 해 주어야 한다.

예배자들은 예배를 위한 스텝을 배워야 하지만 왈츠와 포크댄스는 다르다. 전자는 부드럽고 우아하며 긴장이 가득하고, 즉흥적이며 예측이 힘든 움직임들도 있다. 그런가 하면 후자는 크게 보면 단순 반복으로 사람을 지치게 만든다. 안타깝게도 많은 교회들이 포크댄스식의 예배를 한다. 사람들은 왼발, 오른발, 왼발, 돌고... 하는 식으로 리듬과 스텝을 익히는 데에는 문제가 없지만, 그게 전부이다.

그게 왜 중요하냐고?

몸은 별 생각 없이 따라가겠지만 마음이 둘 곳은 없게 되기 때문이다.

진정한 예배는 왈츠에 가깝다. 안정적인 스텝 같은 순서를 가진다. 이 스텝들이 움직임을 만들어 내는데, 그것은 조화롭고, 아름답고, 깊은 의미를 담고 있다. 좋은 예배는 액션, 드라마, 그리고 종합성을 가지고 있다. 이

에 대해서는 이미 제4장에서 충분히 다루었기 때문에, 장황하게 논할 필
요는 없다. 마치 가스펠 이야기 위에 건축된 엄청난 수준의 소극장 공연과
도 같은데, 예배자들은 외우고 있는 순서에 따라 자신의 차례가 되면 이야
기의 더 깊은 사건과 의미 속으로 들어가게 된다. 좋은 예배 순서는 또한
긴장감을 형성한다. 결말이 어찌될 지 모르기 때문이 아니라, 예배 순서가
결말을 향해 하나씩 전개되기 때문이다.

프레드 아스테어(Fred Astaire[1899-1987])와 진저 로저스(Ginger Rog-
ers[1911-1995])의 멋진 댄스영화를 한 번 보라.

둘 다 스텝을 외워서 분명하게 알고 있는 것이지, 숫자를 세거나 발을 보면
서 춤추지는 않는다. 최고의 예배자들처럼 수천 번 연습했기에 그들의 움직
임은 부드럽고 조화로우며 자유롭다. 겉으로 보기에는 아무 생각을 안하고
있는 듯 보인다. 하지만 여기에는 잘 연출된 패턴을 뛰어넘는 것이 있다.

아스테어와 로저스는 리듬에 맞춰 기계적으로 다리를 올리는 로케츠(Rock-
ettes)무용단이나 해군 군악대가 아니다. 그들은 하나! 둘! 하나! 둘! 하면서 체
조를 하고 있는 게 아니다. 그들은 이야기를 춤춘다. 매혹적이고 로맨틱한 사
랑 이야기를 풀어낸다. 춤 동작들이 그들의 몸의 일부가 되니 그들의 생각과
정신이 완전히 그들의 몸이 표현하고자 하는 의미에 초점을 맞추어 우아하게
이를 행하도록 해준다.

C. S. 루이스가 옳았다. "완전한 예배"는 우리 모두가 아스테어와 로저스처
럼 스텝에, 즉 찬송과 기도와 설교에 메이지 않고 본당을 미끄러져 다니는 것
이다. 스텝들이 말해주는 복음 이야기에 완전히 흡수되었기 때문에 우리는
온전히 하나님께만 집중할 수 있게 된다.

셋째, 예배는 단지 앉고 서고 엎드리고 무릎 꿇는 행위들만이 아니다.

노래하고, 말하고, 고백하고, 설교하는 언어의 영역이 있는데, 활기찬 교회들에서는 이러한 언설들도 기억을 통해 알려진다. 이것이 외움으로 행해지는 효과적인 예배의 또 한가지 요소이다.

그런 교회들은 기도와 신앙고백, 노래와 반응들을 기억하기 위한 저장고를 가지고 있다. 대부분의 활기찬 교회들은 찬송가나 노래집을 사용하고 일부는 기도집도 사용한다. 하지만 페이지를 읽는 것에 집중하는 예배는 없다. 예배에서 언어가 가지는 중요한 부분은 기억에 의해 시행된다.

몇 해 전 시카고 여행 중 나는 위글리필드에서 열린 야구 경기를 보기 위해 오후에 살짝 일탈을 감행했다. 내 기억이 맞다면 시카고 컵스와 휴스턴 에스트로스의 경기였다. 야구 경기에는 반복되는 예식이 있다. 오래된 경기장에 관중들이 모이고, 심판과 감독들이 홈플레이트에서 만나고, 애국가를 부르고, 시구 행사를 하고, 투수가 매 이닝마다 몸을 풀고, 상인들은 핫도그와 땅콩을 팔기 위해 돌아다니고, 7회가 끝난 뒤 다같이 체조를 하고. 야구 경기의 특별함은 그러한 예식 위에 지어졌다.

7회초가 거의 끝나갈 때, 흥분의 물결이 관중석에 들썩였다. 어떤 일이 벌어질지 모두가 알고 있었고, 엄청 기대하며 기다리고 있었다. 경기장 연주자가 몇 개의 코드로 전주를 치니 관중들은 발을 구르기 시작했다. 그리고 컵스의 유명한 아나운서인 해리 커레이(Harry Caray[1914-1998])가 마이크를 손에 잡은 채 중계석에 기대어 관중들을 향해 외쳤다.

"좋아요. 모두들. 아, 원! 아, 투! … 야구장에 데려다 줘요. 관중들과 함께 있게 해 줘요."

캐리가 그의 마이크를 지휘봉처럼 흔들자 우리 모두는 앞뒤로 양옆으로 흔들어 대면서 잘 알려진 노래를 함께 불렀다.

"땅콩과 크래커 잭을 사주세요. 건강은 신경 안 써요."

우리 모두는 손을 높이 들고 손가락으로 스크라이크를 헤아렸다.

"스크라이크 원, 투, 쓰리, 경기장 밖으로 나가버려."

우리는 예식도 알고, 동작들도 알고, 언어도 알고, 노래도 안다. 이 모든 것들이 우리의 일반적인 기억에 깊이 뿌리내려 있다. 그리고 이는 위대하고 기쁜 순간이다.

만약 캐리가 "오늘은 '야구장에 데려가 줘요'(Take Me Out to the Ball Game) 대신에 '앵무새 우는 언덕'(mockingbird hill)을 부르죠. 악보는 안내원들이 나누어 줄 거예요"라고 했다고 상상해 보라.

시카고 웨이브랜드 거리에 폭동이 일어났을 것이다.

2. 기억이 만들어지는 방법

예배의 기쁨 중 일부는 동작들과 언어들과 노래들을 아는 것이다. 활기찬 교회들은 그들의 예배 순서를 알고 깊은 친밀함과 함께 그것들을 시행한다. 여기에 더하여 예배자들에게는 말하기, 노래하기, 움직이기 등의 적극적인 역할이 주어지는데, 이들 중 많은 것들은 예배자들의 기억에 의해 이루어진다. 이 수준까지 교회를 끌어올리는 데에는 몇 가지 실제적인 전략들이 있어야 한다.

1) 한 번으로는 충분하지 않다

어떤 예배 기획자들은 회중의 기도와 반응이 매주 새로운 방법으로 즉석에서 표명되어야 한다는 잘못된 생각을 가지고 있다. 진리에서 동떨어진 이야기이다. 물론 예배 안에는 즉흥적인 기도가 있지만, 한 번만 하는 기도와 별 생각 없이 나오는 반응들은 쉽게 잊혀져 버린다. 그런 언어는 그것을 사용하는 사람에게는 무엇인가를 의미하겠지만, 전체 회중을 견인하는 동력을 얻기는 힘들다.

예배 인도자들은 새로운 기도와 반응들을 창조할 수 있고 또 그렇게 해야 한다. 하지만 그것이 정교하게 구성된 것이고 기술이든 구술이든 강한 상징과 이미지들을 사용한다면, 그것들은 몇 주간 혹은 그 이상 사용되어야 원래의 의도가 전달될 수 있다. 잘 만들어진 기도와 깊은 생각 끝에 나온 반응은 회중이 그것에 더 친숙해지고 더 사용할수록 힘을 얻게 된다. 성 프란체스코의 유명한 기도에서 한 가지 예를 볼 수 있다.

> 주여, 나를 평화의 도구로 써주소서
>
> 미움이 있는 곳에 사랑을
>
> 다툼이 있는 곳에 용서를
>
> 의심이 있는 곳에 믿음을
>
> 절망이 있는 곳에 희망을
>
> 어둠이 있는 곳에 빛을
>
> 슬픔이 있는 곳에 기쁨을 심게 하소서.

위로 받기보다는 위로하며

이해 받기보다는 이해하며

사랑 받기보다는 사랑하게 하소서.

우리는 줌으로써 받고

용서함으로써 용서받으며

자기를 버림으로써

영원한 생명을 얻고자 합니다.[2]

이 기도도 한 때는 새로운 것이었다. 그런데 그 신선함과 능력을 수세기 동안 지켜왔다. 왜냐하면 단지 아름다운 기도여서가 아니라 강한 언어, 리듬적인 표현들, 그리고 친숙한 상징과 이미지들이 사용되었기 때문이다. 새들이 둥지를 트는 크고 우거진 나무처럼, 이 기도는 모든 종류의 경험과 감정을 담을 수 있는 충분한 공간을 가지고 있다.

이 기도로 기도할 때마다 이전에 구했던 간구들이 깊어질 뿐 아니라, 우리의 삶과 기도의 언어 사이에 관계가 형성된다. 이 기도를 반복할 때마다 종이에 쓰인 글씨에 의존하던 것에서부터 외워서 할 수 있게 된다. 한 마디로, 한 두 번 할 때보다 열 번 하는 것이 더 의미 있게 된다.

2) 주보는 방문자들을 위한 것이다

등사기가 교회의 삶에 들어온 것은 예배를 위해서 좋은 소식이었고 동시에

---

2   공유되어 있는 이 기도는 *The Oxford Book of Prayer* (Oxford, England: Oxford University Press, 1985), 75에서 볼 수 있다.

나쁜 소식이었다. 좋은 소식이라 함은 매 주일 예배를 위해 주보 등의 인쇄물을 찍을 수 있게 되었다는 것이다. 이로서 모든 예배자들이 손에 예배 순서를 들고 찬송가는 몇 장을 부를지, 어떤 광고가 있는지, 그리고 그 외의 정보들을 알 수 있게 된 것이다.

나쁜 소식은 인쇄된 주보로 인해 다가오는 예배의 신선함이 떨어지고, 대신 읽는 시간들로 채워지게 되었다. 인쇄된 주보들은 매 예배의 요소들을 볼 수 있도록 해 준다(혹은 보도록 강요한다). 결과로 회중들이 인쇄물을 읽고 다음 순서는 무엇인지 보는데 많은 시간을 들인다.

활기찬 교회들에서 주보는 주로 방문자들을 위한 것이고 그것을 위해 제작된다. "송영"이라는 말 옆에 "영광을 돌리는 노래"라고 적어 준다든가, 주기도문 전문을 싣는다든가, 성찬에서 무슨 일이 일어나는가를 세 줄 정도로 요약해 준다든가, 하는 식으로 처음 교회에 왔을 사람들을 위한 설명이 들어있는 것이다. 주보는 환대의 표현이며 예배의 말과 행위에 익숙하지 않은 새신자들을 위한 가이드이고 이상한 나라에 들어온 여행자들을 위한 지도이다.

활기찬 교회들은 그것이 필요한 사람들을 위해 보기 쉽고 유용한 주보를 제공하지만, 최종 목적은 정기적인 예배 참석자들이 주보로부터 멀어지게 하는 것이다. 연도(litany)[3]와 같이 회중의 반응을 요구하는 예배 요소에서 회중의 참여 부분은 "주님, 우리의 기도를 들으소서," 혹은 "오 하나님, 평화를 내려 주소서"처럼 단순하게 기억될 수 있도록 반복된다.

어느 활기찬 교회에 대해서 제7장에서 다루었던 것을 상기해 보자.

그 교회는 성찬을 행할 때 모든 사람들이 손을 잡고 성찬상을 둘러서 본당

---

3   사회자와 회중이 서로 화답하며 하는 기도. 간구하는 내용이 주를 이룬다.

가득 큰 원을 그렸다. 그 원에는 청년과 노인이, 남성과 여성이, 소년과 소녀가, 다양한 인종의 사람들이, 다운증후군 아이들이, 그리고 휠체어를 탄 사람들이 함께 있었다. 집례자는 사람들을 성찬상으로 부르면서 항상 이렇게 말한다.

"누구나 그리스도의 상으로 나올 수 있습니다."

그러면 회중은 외우고 있는 응답을 한다.

"**모두**가 그리스도의 상으로 나올 수 있습니다."

이 응답은 새로 온 사람들을 위해 주보에 인쇄되어 있긴 하지만 금새 익숙해지기 때문에 주보들은 곧 의자에 남겨진다. 지면을 읽는 것도 예배의 일부지만, 다양한 계층의 예배자들과 함께 하면서 "모두가 그리스도의 상으로 나올 수 있습니다"라고 외우는 것은 완전히 다른 경험이다.

예수회 신학자 월터 옹(Walter Ong[1912-2003])은 기록된 언어보다 말해진 언어가 공동체를 형성하는데 훨씬 더 강력한 힘을 가진다고 주장한다. 모여 있는 사람들에게 말할 때에는 그 소리가 화자의 깊은 곳에서부터 나와서 동시에 전체에게 전달된다. 요컨대 화자의 내재적 삶이 타인에게 나타나고 그들에 의해 용납되는데, 이는 그 청중 그룹의 결속을 돕는다.

하지만 화자가 갑자기 프린트물을 나누어주면서 읽어보라고 한다 가정해 보라.

그 즉시로 발생하는 일은 "각 독자들은 각자의 개별적인 세계에 들어가 버리고 말하기가 다시 시작될 때까지 청중으로서의 연합은 깨어진다."[4] 예배자들이 주보를 읽기 시작할 때도 마찬가지다. 함께 예배하는 공동체성은 파괴된다.

---

4   Walter J. Ong, *Orality and Literacy: The Technologizing of the Word* (New York: Methuen, 1982), 74.

기도서를 읽는 예전적 전통이 강하게 뿌리내린 곳에서도 그 목적은 활자에서 입술로, 책을 읽는 데서 암송으로 이동하는 것이다.

평생 성공회 신자였던 사람을 세우고 한 번 말해 보라.

"전능하신 하나님, 주님은 모든 사람의 마음을 아시고..."

그러면 그 사람은 자동적으로 외우고 있는 나머지 부분을 말할 것이다.

"... 우리의 소원을 아시고 감추어진 것들도 모두 아십니다. 성령의 감동하심으로 우리의 마음을 깨끗게 하여 주시어 주님을 진심으로 사랑하게 하시고 주님의 거룩한 이름을 높이게 하소서. 우리 주 예수 그리스도의 이름으로 기도합니다. 아멘."

예배의 요소들이 지면에서 암기로 옮겨갈 때 자신에 대해 경험하고, 풍성한 헌신을 표현할 수 있는 역량을 얻는다.

3) 연습, 연습, 연습

예배의 요소들을 회중에게 가르치는 것은 콘서트를 주최하는 것 만큼의 노력을 요한다. 많은 경우 첫 번째 전략이 내포하듯, 최고의 예배학교는 예배 그 자체이다. 강한 기도 및 그 외의 요소들을 예배 순서에서 반복하며 매주 재연하는 것은 예배자들의 기억 저장소에 그것들을 등록시키는 것이다.

예배에서의 이러한 훈련을 하기 위해 어떤 활기찬 교회들은 보다 집중된 형태의 예배 교육을 실시한다. 예배가 시작하기 전에 새로운 찬송을 먼저 불러보기도 하고, 그날 낭독할 시편을 함께 읽어보기도 한다. 새로운 공동기도문을 가르쳐 주기도 하고, 새로운 응답송을 불러보기도 한다. 예배 전체 순서를 제공하는 교회도 있고, 새가족 성경공부반에서 예배를 위한 어떤 연습을 포함시키는 교회도 있다. 그들은 순서를 점검하고, 찬송 및 다른 예배의 요소들에 친숙해지며, 노래와 말로 하는 예배 응답들을 배운다. 피아노 선생님들이 늘 강조하듯이 좋은 연주를 위해서 필요한 것은 "연습, 연습, 연습"뿐이다.

3. 축제로 가는 길

예배는 우리를 부르시는 외침의 소리로 시작한다. 하나님은 나팔소리로 우리의 반복되는 일상과 매일의 삶의 주기를 깨고 들어오셔서 예배로 초대하신다.

> 외치는 자의 소리여 이르되 너희는 광야에서 여호와의 길을 예비하라 사막
>
> 에서 우리 하나님의 대로를 평탄하게 하라(사 40:3).

이렇게 시작된 예배는 어디로 가서 어떻게 끝나는가?

우리의 황량한 삶에 하나님의 대로가 놓이고 하나님의 손은 지평선을 향해 있는 길을 가리킨다.

그러면 그 길은 어디로 우리를 인도하는가?

예배가 하나님의 순례의 대로를 여행하는 것이라면 그 길에는 종착지가 있다. 예배가 이야기 위에 건축된 것이라면 그 이야기에는 결말이 있다. 예배를 춤이라고 한다면 그 춤에는 방향이 있다.

그러면 어느 방향으로 가야 하는가?

어떤 결말이 기다리는가?

순례자를 위한 안전하고 안락한 쉼터는 무엇인가?

수 세기 동안 전통적인 예배는 기쁨의 노래가 있는 축제의 장으로 예배자들을 초대했다. 많은 세대를 지나면서 교회들이 선택한 기본적인 예배 구조는 말씀을 듣기 위해 모이는 것에서 축제의 식탁인 성찬으로 이동하였다. "너희는 광야에서 여호와의 길을 예비하라 사막에서 우리 하나님의 대로를 평탄하게 하라"고 시작하는 말씀은 결국 약속의 땅으로 우리를 인도한다.

> 오호라 너희 모든 목마른 자들아 물로 나아오라 돈 없는 자도 오라 너희는 와서 사 먹되 돈 없이, 값 없이 와서 포도주와 젖을 사라…. 너희는 기쁨으로 나아가며 평안히 인도함을 받을 것이요 산들과 언덕들이 너희 앞에서 노래를 발하고 들의 모든 나무가 손뼉을 칠 것이며(사 55:1, 12).

웨버(Webber)는 『통합 예배 기획하기』(*Planning Blended Worship*)에서 교단에 상관없이 역사를 통해 마련된 모임, 말씀, 성찬, 흩어짐이라는 4중 구조를 따를 것을 주장한다. 왜냐하면 이 4중 구조는 이곳 저곳 어디든 가게 해주기 때문이다. 웨버는 "4중 구조는 하나님나라의 보좌 앞으로 우리를 인도하는 이야기라는 특징을 가진다"라고 말한다.[5]

상징적으로 우리를 인도하는 곳은 모든 성도들과 천군천사들과 함께 교제하며 즐기는 하나님의 잔칫상, 즉 천국이다. 거기서 축복이 선포되며 우리는 주님을 사랑하고 섬기도록 보냄을 받는다.[6] 그래서, 활기찬 교회들의 또 하나의 특징은 예배가 기쁨의 축제를 향한 행보가 되도록 한다는 것이다.

---

5 Webber, *Planning Blended Worship*, 20–21.
6 Ibid., 21.

> **특징 8.**
> 활기차고 경건한 교회들은 예배의 마지막이 기쁨의 축제가 되도록 한다.

이러한 교회들은 어떻게 기쁨과 감사의 장으로 예배를 만드는가?

몇 가지 방법들이 있다.

1) 모두는 아니지만 대부분의 활기찬 교회들은 성찬을 주일예배의 한 부분으로 포함시킨다

이 교회들은 무겁고 명상적인 분위기만이 성찬의 신학적 반영이라고 생각하지 않는다. 그들은 또한 생동감 있는 축제로서의 성찬을 시행한다. 고요하고 사색적인 순간들과 주제들에 더하여 이 교회들은 성찬이 감사 넘치는 천국 잔치라는 사실을 강조하기 위하여 기쁨의 언어와 분위기를 채용한다. 부드럽고 무거운 음악과 더불어 밝고 빠르고 신나는 곡들도 함께 연주한다.

회중은 떡과 포도주를 자리에 앉아 수동적으로 받지 않는다. 성찬상에 함께 모이든지, 혹은 떡과 포도주를 받기 위해 앞으로 나오거나, 아니면 무리를 지어 서서 떡과 포도주를 받는 등의 움직임이 항상 있다.

2) 어떤 교회들은 설교의 내적인 발전을 통하여 기쁨의 잔치를 향한 이동을 시작한다

설교가 감정의 절정을 향해 점진적으로 고조됨으로 청중들을 축제의 점점 더 가까운 자리로 인도하는 것이다. 로스엔젤레스 흑인교회운동연구센터의 창시자이며 유명한 설교학 선생인 헨리 미첼(Henry Mitchell[1919-])은 예배에서의 축제를 향한 이동은 항상 설교를 통하여 시작되어야 한다고 주장한다. 그에 의하면 설교는 질문이나 비판으로 마무리되면 안 되고 복음의 확신에 대한 기쁨으로 끝나야 한다.

진정한 복음의 축제는 필연적으로 기쁨의 시간을 양산해 낸다. 설교는 모든 사람들에게 기쁨을 요구한다. 그것은 감정을 통해 전해지지만, 강한 확신 가운데 말씀에 흠뻑 젖게 함으로 잊지 못할 기쁨을 선사한다.[7]

3) 활기찬 교회들 중 어떤 교회들은 예배의 후반부를 음악, 춤, 간증과 같은 기쁨의 요소들로 채운다

성가대와 솔리스트, 그리고 회중석 중간에 서 있는 사람들이 감정 충만 음악과 노래를 선사하는 순간이 그것이다. 진심 어린 감사가 회중에 의해 나오는 순간이다. 예배 중 사람들이 나와서 그들의 믿음의 여정 가운데 있었던 축복과 기쁨을 증거하는 순간이다.

어느 활기찬 교회의 아주 특별하게 훈련되고 재능이 넘치는 프로페셔널한 예전댄스팀이 감동적인 흑인영가에 맞추어 춤추면서 회중을 그들의 의자에서 일으키는 순간이다. 활기찬 교회의 예배자들이 탬버린과 드럼, 기타와 트럼펫, 바이올린과 첼로, 오르간과 밴조의 소리를 듣는 순간이다. 예배의 마지막 부분에 이런 교회를 지나가는 사람들은 탕자의 비유에 나오는 큰 형처럼 집에서부터 들려오는 풍악과 춤추는 소리를 듣게 될 것이다.

---

7 Henry H. Mitchell, *Celebration and Experience in Preaching* (Nashville: Abingdon, 1990), 66.

왜 그런가?

복음이 선포되고 죽은 자가 살아나고, 잃은 자를 다시 찾았으니 탕자의 아버지 말처럼 "우리가 즐거워하고 기뻐하는 것이 마땅하다"(눅 15:32).

미국 소설가인 제임스 미치너(James Michener[1907-1997])는 그의 탁월한 책 『이베이라』(Iberia)에서 길고 위험한 한 여정에 대해 소개한다. 그것은 프랑스를 지나 스페인을 가로질러 산티아고 데 콤포스텔라(Santiago de Compostela)성당에 이르는 길이다.

수 세기 동안 다양한 순례자들이 이 오래된 길을 걸어왔다. 왕과 여왕들이 회개의 여정으로, 서민들이 더 깊은 신앙을 구하며, 순례의 판결을 받은 범죄자들이, 맹세를 새롭게 하고자 하는 사제와 수녀들이, 그리고 다양한 배경을 가진 구도자들이다. 순례자들은 목적지에 가까워질수록 거대한 성당이 멀리서 보이길 고대하며 지평선을 바라보게 된다. 기나긴 그들의 여정의 목적지를 처음으로 보기 원하면서 말이다.

마침내 그들 중 한 명이 희미하게라도 위대한 건물의 첨탑을 보게 되면, 무엇을 해야 할지 알고 있다. 이 순례자들에게 내려오는 영예로운 풍습이 있기 때문이다. 그는 흥분하며 그의 동료 여행자들을 향해 뒤돌아서서 소리친다.

"나의 기쁨이여!"

활기찬 교회들에서도 그렇다. 예배에서 순례의 길을 함께 걷다 그들은 마침내 목적지를 희미하게 보게 된다. 무엇도 그 기쁨을 막을 수 없다.

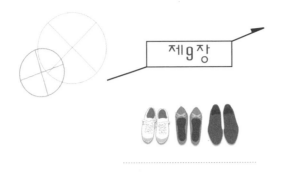

제9장

주의 날에 성령에 감동되어:
리더십

"아내와 나는 교회를 옮길까 생각하고 있어."

한 남자가 뒤뜰 담장 너머에서 친구와 이야기하고 있었다.

"새로 오신 목사님과는 잘 안 맞는 것 같아. 빌 목사님 교회로 갈까 하고. 우리 회사에 그 교회에 다니는 사람이 있는데, 그분이 아주 괜찮다고 하더라고."

예배학자들을 짜증나게 하는 종류의 대화이다.

정말 그렇다.

빌 목사님의 교회라고?

새로 온 목사님과는 잘 안 맞는다고?

그는 아주 괜찮다고?

교회가 목사 한 사람의 개성에 의해 정의된다거나 사람들이 목회자의 매력에 따라 교회를 옮겨 다닐 수 있다는 생각은 교회와 그 리더십에 대한 올바른 견해와는 완전히 반대되는 것이다. 교회는 그리스도 안에서 하나님의 임재 앞에 모이는 것이지 빌 목사님이건 다른 누구에게 오는 것이 아니다. 게다가 목회자들의 역할은 공동체를 섬기고, 교회를 제자로 만드는 것이지, 사람들을 끌어 모으는 개인의 매력을 보여주는 것이 아니다. 주일 아침에 나타나는 목회자의 역량을 구경하기 위해 모여든 혹은 목회자를 텔레비전에 나오게 해서 연예인으로 만들려는 사람들에 의해 교회가 이루어진다는 사실은 우리 시대의 가장 아픈 한 단면이다.

신학자들은 불만이 있겠지만, 그럼에도 목회자의 리더십에 있어 그의 역량과 은사들이 중요하다는 것 역시 진실이다. 교회의 삶의 질에 있어서, 방문자들의 마음을 사로잡기 위해서, 그리고 교회의 전체적 기풍에 있어서 그것들은 중요하다. 그것을 좋아하든지 싫어하든지 리더십의 스타일은 영향력 면에서 예배에 많은 부분을 차지한다.

"따뜻하고 호감가는 목회자들은 자신감과 확신, 은혜와 격려, 기쁨과 소망을 수단으로 소통한다"[1]라는 캘러핸의 글을 읽고 당황했던 적이 있었다.

세례 요한이 "따뜻하고 호감가는" 리더였었나?

바울은?

그러나 강력하고 매력적인 목사가 있는 교회의 예배가 생동감 있다는 증거들이 있기에 이를 반박하기는 어렵다. 캘러핸이 옳았다. 예배 인도자의 성격은 회중들에게 전염된다. 그리고 좋은 쪽이든 나쁜 쪽이든 목회자의 성격과 스타일이 예배의 색깔을 결정한다. 그래서, 활기차면서도 경건한 교회의 또 하나의 특징은 이것이다.

1　Callahan, *Dynamic Worship*, 22.

> **특징 9.**
>
> 활기차면서도 경건한 교회는 강하고 카리스마 넘치는 예배 인도자로서의 목회
> 자가 있다.

이것을 한 번에 꿰 볼 수 있을까?

예배의 신학적인 진리를 파괴하지 않으면서 현실을 정직하게 볼 수 있을까?

예배에서 인도자의 개성과 스타일을 존중하면서도 동시에 그 개성이 중심
이 되거나 연예인처럼 만들지는 않는 힘있는 예배를 생각해 볼 수 있을까?

나는 그럴 수 있다고 본다. 이에 대한 생각은 흔히 BEM이라고 불리는, 세계
교회협의회(WCC) 문서인 "세례, 성찬, 그리고 사역"(*Baptism, Eucharist, and Min-
istry*) 2에서부터 시작한다. 1982년 채택된 BEM 문서는 전 세계 그리스도인들
사이 수십 년간의 대화의 산물이며 에큐메니컬운동의 개가 중 하나이다.

거의 모든 주요 교단들을 대표하는 100명이 넘는 신학자들이 만장일치로
BEM 문서를 교회에 추천한다. 정교회, 로마가톨릭, 루터교, 개혁교회, 감리
교, 침례교, 제7일 안식교, 오순절, 그리고 다른 전통을 가진 교단들이 중요하
고, 어려운, 그리고 종종 이견을 가지는 이슈인 세례, 성찬, 사역에 대해서 처
음으로 공통분모를 가지게 된 것이다.

임직을 받은 교역자들의 역할에 대해 설명하는 BEM 문서의 "사역" 부분
은 매 이슈들마다 합의점을 찾기가 어려웠다. 골치 아픈 세례와 성찬 교리들
보다 사역의 성격과 역할에 대해 합의를 하는 것이 더 어려웠다는 말을 선뜻
이해하기 힘들 수도 있다.

---

2 *Baptism, Eucharist, and Ministry: Faith and Order Paper No.* 111 (Geneva, Switzerland:
   World Council of Churches, 1982).

하지만, 교황과 추기경과 주교 제도를 오랫동안 유지하고 있는 로마가톨릭 사람들과 회중으로부터 교역자가 임명받는 침례교 사람들이 한 테이블에서 대화를 하고 있었다는 사실을 생각해 보라.

많은 부분에서 너무나 큰 차이가 있었으니, 사역에 대한 공동 헌장을 만들어 냈다는 것은 그야말로 은혜의 선물이었다.

사역 부분은 모든 그리스도인들이 사역자라는 사실을 상기시켜 주면서 시작한다. 성령님은 사람들을 믿음으로 부르시고 증거와 봉사의 사역을 감당케 하기 위하여 은사를 주신다. 교회의 모든 성도들은 "교회의 도움 안에서 각자 받은 은사를 발견하고, 그것으로 교회를 세우고 또한 교회가 섬기도록 파송받은 세상을 위해 사용되도록 부름받는다."[3] 요컨대, 교회를 "빌 목사님의 교회"라고 부를 수 있는 여지는 없는 것이다. 교회는 그리스도에게 속하였으며, 성령님은 모든 성도들에게 사역자의 권능을 부여하신다.

하지만, 동시에 BEM 문서는 교회는 임명받은 교역자를 필요로 하며, 그들은 예배와 사역을 위해 절대적으로 중요하다고 말한다. 왜냐하면 그들은 전체 회중의 은사와 에너지를 위한 일종의 중심 역할을 감당하며 봉사하기때문이다. BEM 문서는 교회가 "근본적으로 예수 그리스도에게 의지하고 있음을 공적으로, 그리고 지속적으로 일깨워주면서 다양한 은사들의 통합을 이루어 주는 사람"이 필요하다고 한다.[4]

그렇다고 임직받은 교역자가 특별한 계층의 영적 존재라는 뜻은 아니다. 그들은 어느 다른 이들 위에 서 있는 것이 아니다. 오히려 모든 이들이 교회로 가

---

3   Ibid., Ministry, 5번째 문단.
4   Ibid., Ministry, 8번째 문단.

져오는 모든 은사들을 대표하며 중간에, 회중의 중앙에 서 있다. 교역자들은 어떤 면에서 노래방에나 있는 회전하는 미러볼(mirror ball)과도 같다. 미러볼은 다른 곳에서 빛을 받아 온 방 안에서 그 빛을 흩어 놓는다. 그래서 목회는 "공동체와 동떨어져는 존재하지 않으며," 교역자는 "오직 공동체 안에서 그리고 공동체를 위해서만 그들의 소명에 응답할 수 있다"라고 BEM 문서는 말한다.

그들은 어떤 일을 하는가?

임직받은 목회자들이 해야 하는 일은 무엇인가?

단순하게 말하면, 교역자들은 그들의 은사와 에너지를 다른 이들을 세우는 일에 사용해야 한다. BEM 문서는 "그들은 그리스도 안에서 공동체를 세우고 그 증거를 강화하기 위해 봉사한다"라고 말한다. 교역자들은 "거룩과 사랑"의 모범이며, "그리스도와 그 몸의 지체들 사이의 깊고 포용적인 교제의 가시적 중심"을 형성한다.[5]

이런 점에서 활기찬 교회의 리더들은 강하고 카리스마 넘친다고 할 수 있다. 그들은 텔레비전에 나오는 이들처럼 머리에 기름을 바르고 하얀 이를 내보이며 웃지 않는다. 회중을 자신들에게 의지하게 만들기 위해 허풍을 떨지도 않는다. 그들은 다른 이들을 축복하는 능력을 가진 깊은 경건의 소유자들이며, 그리스도처럼 다른 이들을 인도할 의지와 예배를 진정한 환대와 넘치는 은사의 자리로 만들 수 있는 능력을 가진 자들이다.

물론 우리 모두가 그렇듯이 그들도 실수를 하고 이기적인 욕망을 가진, 때때로 그릇된 선택을 하는 흠 있는 인간들일 뿐이다. 때때로 그들이 순종의 길에서 미끌어진다 해도 그것 역시 그들의 리더십을 형성하는 중요한 걸음이다.

---

5   Ibid., Ministry, 12번째와 14번째 문단.

1. 강하고 사랑하고 지혜롭게

BEM 문서가 예배에서의 교역자의 개성과 스타일 문제를 직접 다루지 않아 아쉽지만, 그럼에도 이 부분에 대한 희망적인 말들과 규범을 제공해 준다.

BEM 문서와 활기찬 교회들의 사례에서 뽑은 몇몇 통찰과 시사점들을 열거해 보자.

1) 예배 인도자는 회중과 적극적인 관계를 형성해야 한다

예배를 인도하는 사람이 그 회중과 적극적으로 개인적, 역동적인 관계를 형성하는 것은 필수적이다. 물론 이미 지적했듯이, 이러한 접근이 대중적인 카리스마, 매력, 자극 등과 혼동되어서는 안 된다. 인도자들은 그리스도께서 그러하시듯 회중들과 관계 맺기를 추구해야 한다. 혹은 BEM 문서가 말하듯, "그리스도와 그 몸의 지체들 사이의 깊고 포용적인 교제"를 드러내야 한다.

예배 인도자들은 그들이 "괜찮은 사람"이란 것을 보여주기 위해서가 아니라 그것이 그리스도께서 공동체를 맞이하시는 방법이기 때문에 친절과 환대를 표현한다. 예배 인도자들은 그들의 "역동성"을 보여주기 위해서가 아니라, 그것이 그리스도께서 다른 이들과 관계를 맺는 방법이기 때문에 열정, 에너지, 열심, 그리고 사랑을 표현한다.

예배 인도자들은 그들이 "영적인" 사람이라는 것을 보여주기 위해서가 아니라, 그것이 정말로 그리스도께 속하고 그리스도의 이름으로 봉사하는 사람들이 예배의 실재를 맞이하는 방법이기 때문에 내면의 고요함과 근심걱정 없는 움직임, 그리고 경건함을 가지고 예배를 조율한다.

오늘날 어떤 예배 인도자들은 그들의 매력적인 개성을 예배의 중심부에 놓으려고 한다. 예배 인도자들은 대인 관계 사이에서 예배의 역동성을 추구하려 할 것이 아니라, 그 너머에 있는 하나님과 사람들 사이의 관계를 가리켜야 한다. 영향력과 유행과 인기를 얻으려 할 것이 아니라, "강하고 사랑하고 지혜롭게" 되기를 추구해야 한다.[6]

내가 관찰한 어느 활기찬 교회에서 "강하고 사랑하고 지혜롭게"라는 표현의 아주 전형적인 모습이 표현되었다. 예배가 시작되자 예배의 인도자인 담임목사가 성가대와 함께 입장을 하고 다른 교역자가 뒤이어 들어왔다. 행렬을 인도하긴 했지만 그가 화려해 보이는 것은 아니었다. 그는 다른 이들과 함께 오면서 먼저 걸을 뿐이었고, 따라오는 사람들이 잘 오고 있는지 이따금씩 돌아보았다.

그는 천천히 걸었지만 마치 사람들이 가고 싶어하는 신비와 소망의 나라로 인도하는 듯한 확신과 기쁨이 넘쳤다. 그 주일에는 교회 인근에 있는 소방관들과 경찰관들에게 감사를 전하는 시간이 있었는데, 소방서와 경찰서에서 온 대표들이 담임목사보다 반 걸음 뒤에 서서 함께 입장을 하고 있었다.

담임목사는 가끔씩 뒤로 돌아 그들의 어깨를 앞으로 밀어주며 예배 중에 이미 그들에게 환대와 감사를 하고 있음을 확인시켜 주었다. 회중 중에 아이들이나 방문자, 그리고 특별한 환영이 필요한 사람들에 대해서는 행렬에서

---

6 딤후 1:6-7에서 온 이 단어들은 예배 리더십에 대한 예전학자 Robert Hovda가 *Strong, Loving, and Wise: Preaching in Liturgy* (Washington: The Liturgical Conference, 1977) 이라는 그의 책 제목으로도 사용하였다. 전체 구절은 다음과 같다. "내가 나의 안수함으로 네 속에 있는 하나님의 은사를 다시 불일듯 하게 하기 위하여 너로 생각하게 하노니 하나님이 우리에게 주신 것은 두려워하는 마음이 아니요 오직 능력과 사랑과 절제하는 마음이니" (딤후 1:6-7. 원서에서 Thomas Long은 NRSV를 사용하였는데, 거기서는 "능력[strong]과 사랑[loving]과 지혜로운 마음[and wise]"으로 번역한다 - 역주).

잠시 나와서 얼굴을 마주보거나 환영의 말을 해 주기도 하였다.

　행렬이 강단에 도착했을 때도 담임목사 혼자 자기 의자에 앉아버리는 것이 아니라, 눈빛과 행동으로 다른 이들의 움직임에 동참하면서 그들의 도착을 알렸다. 그는 손님들을 자신의 집으로 따뜻하게 맞이하는 친절한 주인과 같이 행동하였다.

　예배에서 그가 맡은 순서를 진행하는 것을 보니 그가 매력적이고 소중한 은사들을 가지고 있다는 사실들도 알게 되었다. 하지만 그것은 자신을 향한 것이 아니라, 다른 이들을 빛나게 해 주는 것이었다. 광고 시간도 이벤트들을 줄줄이 열거하는 것이 아니라, 봉사와 교육과 기도의 일들에 대한 축복의 연속이었다. 이벤트와 사람들 모두 그의 관심 안에 있다는 것을 분명히 알 수 있었다.

　기도는 고요했으나 진지했고, 환자, 슬픔을 당한 성도, 결혼한 커플, 아기를 낳은 사람들의 이름을 하나 하나 불러가며 진행되었다. 다른 사람들이 예배 순서를 진행할 때에도 그는 자신의 다음 순서만 기다리며 수동적으로 앉아 있지 않았다. 다른 이들의 리더십에 대해서도 온전히 인정하면서 집중하였다.

　요약하면, 이 예배 인도자는 자신의 인간적 한계를 인정하면서 그의 매너와, 강함, 고요함, 다른 이들을 향한 집중과 환대하는 마음, 그리고 섬기고자 하는 의지를 통하여 그리스도의 임재를 전달하였다. 그의 말과 행동은, BEM 문서의 표현을 빌리자면, "그리스도와 그 몸의 지체들 사이의 깊고 포용적인 교제"의 모델이 되었다.

2) 예배 인도자는 회중의 은사를 모아주어야 한다

　몇 해 전 성탄시즌에 뉴욕필하모닉오케스트라와 웨스트민스터합창단이 링컨센터에서 멘델스존의 "엘리야"(Elijah)를 공연했다. 성공적인 밤이었다. 오케스트라는 훌륭했고, 합창단은 깊은 울림을 주었으며, 솔리스트들도 뛰어났다. 하지만 특별히 인상 깊었던 것은 지휘자 커트 마주어(Kurt Masur[1927-2015])였다.

원래 그날 밤의 지휘자로 초빙되었던 레너드 번스타인(Leonard Bernstein[1918-1990])이 갑작스럽게 사망하였기 때문에, 불과 공연 몇 주 전에 부탁을 받았음에도 불구하고 그는 자신 있게 그 자리에 섰다. 그는 곡 자체가 가지고 있는 힘을 알고 있었다. 그는 그 순간이 가지는 기대감을 느꼈다. 그리고 그의 육체는 이 이벤트의 일부가 되어 기쁨의 감격을 그대로 전달해 주었다. 그는 모두를 지휘했지만 그것은 권위적인 명령이 아니라, 각자가 가지고 있는 최고의 실력을 발휘하도록 해 주는 것이었다.

공연이 끝나고 회중이 기립하여 박수할 때, 마주어는 그의 두 팔을 합창단과 연주단에게 벌리며 그들을 축복하였다. 축도를 할 때처럼 말이다. 그가 리더였지만 그의 모든 노력, 음악, 그날의 이벤트는 다른 이들의 지지 덕분이었다. 아이러니하게도, 확고한 열정과 섬세함을 가지고 인도하였기에 그 자신은 어떠한 집중도 받지 않았다. 그날 밤은 커트 마주어의 밤이 아니라, 커트 마주어로 인한 멘델스존의 밤이었다.[7]

마주어는 예배에 있어서 리더십의 아주 좋은 예를 보여준다. 예배 인도자는 지휘를 하지만, 사람들을 조종하려 들지 않고, 기대를 가지고 회중으로부터 최고의 것을 불러일으키는 사람이다. 이러한 예배 인도자는 성령하나님께서 신앙공동체에게 그분의 은사를 넘치도록 주셨음을 안다. 그에 대한 응답

---

7   *Theology Today*, XLVIII/1 (April 1991), 4에서 이날의 사건에 대한 나의 기술을 참고하라.

으로 그는 이러한 은사들을 모아서 예배를 위해 사용되도록 한다.

예를 들어, 어느 활기찬 교회의 (한 여성) 목사는 회중이 가지고 있는 은사와 재능을 분명히 알고 있었다. 그녀는 이 은사들이 예배에서 활용될 수 있도록 공간을 만들어주고, 그것들이 드라마틱한 힘을 얻을 수 있도록 조화롭게 만들어 준다.

어느 일요일, 한 성도는 기타 반주에 맞추어 독창을 했고, 미술가인 다른 성도는 그날의 설교 본문을 그림으로 표현하여 로비와 주보 앞면을 장식했다. 말하는 훈련을 받은 또 다른 성도는 성경을 봉독했고, 시인인 어떤 성도는 자신이 작성한 기도문으로 회중을 대표해 기도했다. 은사들의 혼합이 버라이어티쇼가 될 수 있지만, 예배 인도자는 쇼의 사회자가 아니라, "오케스트라 지휘자"이다. 그녀는 예배로 가져온 다양한 은사들을 모아서 축복하고 그것들을 예배 전체에 부합하도록 만들었다.

또 다른 활기찬 교회의 목사는 열살 짜리 소녀에게 성경봉독을 하도록 하였다. 다른 많은 교회에서도 아이들이 성경봉독을 하기 때문에 이상한 일은 아니었다. 어린아이들이 성경을 읽을 때는 "어린 아이처럼" 읽기 때문에 회중들은 미소를 지을 때가 많다. 하지만 이 교회의 경우, 소녀가 강대상으로 올라가자 목사가 그의 영대(stole)[8]를 벗어 엄숙하게 소녀에게 걸쳐주었는데, 마치 "이 소녀는 인도자로서 하나님의 말씀을 읽습니다"라고 웅변하는 듯 보였다.

제3장에서 말했던 것을 돌이켜 보자.

능숙한 예배 인도자는 상징적인 면에서 예배의 가장 중요한 순간이 헌금을 받는 시간과 축도를 하는 시간임을 안다. 각 사람들은 기도와 음악과 증거와

---

8 가운 위에 목도리같이 두르는 것.

돌봄과 그 외의 은사들을 가지고 예배에 온다. 인도자의 책임은 이 은사들을 받아서 경배의 제단에 올려 놓고 하나님의 복을 그것들 위에 선포하는 것이다.

3) 예배 인도자는 다른 이들과 리더십을 나누어야 한다

BEM 문서는 말하기를, 목사의 권위는 "온 회중과 협력하는 것"[9]이라는 하는데, 활기찬 교회의 모든 예배 인도자들은 다른 이들과 리더십을 나눈다. 이 리더십에는 남녀노소의 구분이 없다. "남성이 말했으니 이번엔 여성 차례"는 식으로 할당된 몫이 있는 것이 아니다. 다만 온 회중의 영적 은사들이 예배의 활력을 위해 사용될 뿐이다. 또한, 인도자들이 "내 차례, 네 차례" 하는 식으로 순서를 정해 놓는 것이 아니라, 팀으로서 하나의 목표를 위해 함께 사역한다.

4) 예배 인도자는 말과 행동을 통하여 예배의 거룩한 성격을 구체화해야 한다

『성령의 능력 안에 있는 교회』(*The Church in the Power of the Spirit*)에서 신학자 위르겐 몰트만(Jürgen Moltmann[1926-])은 사람들이 예배를 인도하기 위해 앞으로 나올 때 어떤 일이 일어나는 가를 이렇게 묘사했다.

---

9 *BEM*, Ministry, 15번째 문단.

회중은 설교, 침례, 성찬을 위해 혹은 행사와 서로 간에 이야기하기 위해 모인다. 그리곤 한 명 혹은 몇 명이 설교를 하기 위해, 세례를 주기 위해, 성찬을 준비하기 위해, 순서를 조정하기 위해, 그리고 회의를 하기 위해 회중들 앞에 서 일어선다. 이 사람들은 회중으로부터 회중 앞으로 나와 그리스도의 이름으로 행동한다. 그들은 회중을 "마주 대하는 책임자"(office bearers)가 아니다. 그리스도께서 그 일을 감당하신다.... 그들은 하나님의 백성들 중에서 나와서 하나님의 백성들 앞에 서서 하나님의 이름으로 행동할 뿐이다.[10]

공동체의 일원으로서, 그리고 그리스도의 대리자로서의 예배 인도자들의 이중 역할을 주의하여 보라.

예배 인도자들은 그리스도의 이름으로 말하고 행동하기 위해 그리스도의 **몸으로부터** 나와서 그들 **앞에** 선다. BEM 문서는 "모으고, 가르치며, 교회를 먹이는 분은 그리스도이시다. 성찬에 초대하고 집례하는 분도 그리스도이시다. 대부분의 교회에서 이 직무는 임직 받은 교역자에 의해 **상징되고 대리된다**"[11]라고 함으로서 이를 강조한다.

예배 인도자가 이러한 이중 역할을 잘 인지할 때 어떤 일이 일어날까?

거기엔 자유가 있다. 인도자들에게 예배를 의존하지 않게 된다. 임재하시는 분도 그리스도이시고, 성도를 모으고 말씀을 전하시는 분도, 가르치시고 먹이시며 기도에 응답하시는 분도 그리스도이시다. 활기찬 교회들을 조사하면서 나는 한 번도 그 교회의 예배 인도자들이 마치 예배의 성패가 그들에게

10 Jürgen Moltmann, *The Church in the Power of the Spirit: A Contribution to Messianic Ecclesiology* (New York: Harper & Row, 1977), 303.

11 *BEM*, ministry, 14번째 문단, 강조는 추가된 것임.

달려있는 양 "안절부절"하는 모습을 보지 못했다.

그렇다고 예배 인도자들이 예배 순서들을 점검하고, 광고를 외우고, 성가대를 줄 세우고 하는 등등의 예배의 구체적인 일들은 신경쓰지 않는다는 뜻은 아니다. 복음의 감격을 전할 때에도 그들에게는 내적인 고요함이 있다. 하나님이 임재하시고 예배에서 활동하실 때에 생기는 자유함인데, 예배가 나의 태도에 달려있지 않다는 고백의 표현이다.

교황 요한 23세로 더 잘 알려진 안젤로 론칼리(Angelo Roncalli[1881-1963])는 하루를 기도로 마무리했는데, 기도 후에는 그 자신에게 "누가 교회를 다스리는가? 너, 아니면 성령님? 그래 맞다, 이제 자거라 안젤로"라고 말함으로써 목회적 책임의 엄청난 부담으로부터 자유함을 얻곤 했다.

이와 같이 효과적인 예배 인도자들은 끊임없이 "누가 정말 성도들은 인도하는가? 너, 아니면 성령님? 그래 맞다, 이제 쉬면서 자유를 누리거라"고 스스로에게 말해야 한다.

효과적인 예배 인도자들은 하나님의 임재에 대한 인식에서부터 자유함을 얻기 때문에 그들은 또한 이 인식을 말과 행동을 통하여 회중과 나눈다. 제2장에서 "인도 스타일"에 대해서 말했는데, 결국 인도자가 본당에서 어떤 일이 벌어지는지에 대해 가지고 있는 확신이 그가 예배를 인도하는 방식에서 나타나게 되어 있다. 예배 인도자가 진정 하나님이 지금 이곳에 임재하신다는 사실을 믿는다면, 그 믿음이 회중에게 보여질 것이다. 반대로, 예배 인도자가 거룩함에 대한 인식이 결여되어 있다면, 그 역시도 보여질 것이다.

활기찬 교회에서는 성경, 세례수, 떡과 포도주 같은 예배의 상징적인 도구들을 경건하게 다룬다. 이러한 것들을 미신적으로 혹은 기계적인 숭배함으로 다루는 것이 아니라, 마치 그것들이 커다란 가치를 가진 보배로운 선물인 양 사랑스러운 친밀함과 경외함을 가지고 한다.

활기찬 교회의 예배 인도자들은 회중이 예배하기 위해 모였기 때문에 말과 행동으로 그들과 소통한다. 예배 인도자들 중에 사람들이 실용적인 이유 때문에 왔다고 생각하는 이들이 종종 있는데, 믿기 힘든 현실이다. 그런 인도자들은 사람들이 교회에 오는 이유가 무엇인가를 배우기 위해, 더 좋은 사람이 되기 위해, 가족과 함께 하기 위해, 새 친구를 만나기 위해 라고 생각하면서도, 예배하기 위해서는 아니라고 여긴다.

예배를 간과하는 이러한 풍조가 방문자들을 대하는 하나의 기준이 될 수 있다고 하면서 캘러핸은 마치 그것은 교회가 이렇게 말하는 것과 같다고 한다.

> 오늘 아침에 우리 교회를 방문하신 분들께 감사 드리며, 나중에 여러분이 시간 나실 때 다시 뵐 수 있기를 바랍니다.

캘러핸은 이런 식의 환영문구의 문제점은 사람들을 손님 취급하는 것이라고 지적하면서 "그들은 그냥 방문한 것이 아니다. 그들은 예배하기 위해 왔다"라는 사실을 상기시킨다.

"사람들을 '방문'하는 것으로 여기는 것은 곧 그들이 처한 환경을 대수롭지 않게 보는 것이다."

그보다는 이렇게 말하는 것이 바람직하다고 말한다.

"처음으로 예배하기 위해 오신 여러분들을 환영합니다. 이렇게 함께 예배하게 되어 기쁩니다."[12]

---

12   Callahan, *Dynamic Worship*, 23-24.

활기찬 교회의 리더들은 공적이지만 따뜻한 방식으로 말하며 강렬하지만 일상적인 언어로 말한다.

(1) 그들은 공적인 언어를 구사한다. 예배를 인도한다는 것은 개인적인 활동이 아니다. 인도자들은 대중 앞에 서서 여러 사람들에게 말을 해야 한다.

(2) 하지만 그들의 목소리는 따뜻하다. 자신들이 지금 당장 어떤 영감을 불어넣어 주지 못할까 봐 두려운 마음에 날카로운 톤이나 연극을 하듯 지나치게 과장된 억양으로 말한다고 해도 아무 일도 일어나지 않는다.

(3) 그들은 강렬하지만 일상적인 언어로 말한다. 그들의 목소리에는 감정이 섞여 있다. 어쨌거나 그들은 아주 중요한 말들을 전달하고 있으니까. 하지만 말하는 방식이나 어조는 일상적이다.

인도자들은 경청하고자 하는 사람들 앞에 서 있는 것이다. 그들은 사람들에게 큰 소리로 명령을 내리거나 일을 시키기 위해 고함치지 않는다. 그들은 그리스도 안에서 친구된 이들을 인도하는 것이다.

오래 전 목회를 막 시작했을 때, 나 자신에게 주일예배에 대한 책임을 점점 더 증가시키고 있음을 알게 되었다. 매 시간마다 대박을 터뜨리기 바라며 설교 준비에 많은 시간을 들였다. 주일예배가 실수 없이 진행되기를 바라면서 예배의 구체적인 사항들을 챙기느라 애를 태웠다. 매 주일을 맞는 것이 거대한 두려움이었고, 예배가 끝나면 정신적으로나 육체적으로나 탈진상태가 되었다.

어떤 면에서는 예배가 잘 기획되고 탁월하게 진행되기를 바라는 책임감 있는 목사였다. 하지만 나의 열망은 좋은 기획과 실행을 뛰어넘는 것이었다. 그것은 예배가 나와 나의 노력에 의해 좌우된다는 몰이해를 바탕으로 한 미숙하고 왜곡된, 심지어 비신앙적인 부담감이었다.

이러한 부담감을 지혜로운 선배 목사님에게 털어놓은 적이 있다. 그분은 신뢰할 만한 동료이자 멘토였다. 그는 나의 불완전함과 예배는 교역자가 아닌 하나님께 달려있다는 사실을 부드럽게 상기시켜 주었다. 그리고 나서 이렇게 덧붙였다.

"시간이 지나서 자네의 설교는 잊혀지더라도, 사람들은 자네가 설교하면서 즐거워했는가는 기억할 걸세."

그 때 당시에는 약간 혼란스러웠다.

설교하면서 즐거워한다고?

이제는 그 말을 이해하고 그가 해 준 조언에 대해 감사한다. 건강한 예배 인도자에게는 기쁨이 있다. 그 기쁨은 자유와 믿음에서부터 나오는 깊고 영속적인 즐거움인데, 그 자체를 가지고 복음을 전달해 준다.

예수께서 가르치시고 설교하실 때 사람들은 "즐겁게" 들었다고 성경은 기록하고 있다(막 12:37). 그럴 수 있었던 이유 중 하나는 그분도 "즐겁게" 말씀하셨기 때문일 것이다.

Beyond the Worship Wars:
Building Vital and Faithful Worship

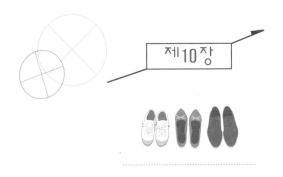

제10장

에필로그:
예배가 다시 활기차게 될 수 있을까?

교회 공동묘지를 묘사한 만화 이야기이다. 그림 중앙에는 교역자의 비석이 그려져 있었다. 그 묘비에는 이렇게 새겨져 있었다.

"그는 예배 순서를 바꾸려고 애썼었다".

모든 교회와 모든 목사들은 예배가 보다 활기차고 보다 생기 넘치며 보다 복음에 신실하면서 불신자들에게도 매력적으로 다가가주길 바란다. 그것은 곧 근본적인 변화를 의미하는데, 중대한 변화는 거의 예외 없이 어렵고, 위협적이며, 논쟁을 불러 일으킨다. 예배 갱신의 길은 장애물들과 급회전 길, 그리고 비포장도로의 연속이다. 활기차면서도 경건한 예배의 모범 사례들을 보면서 많은 이들이 궁금해 했을 것이다.

"우리 교회도 그렇게 할 수 있을까?

예배를 바꿀 수 있을까?

활기차면서도 경건한 예배의 특징들이 우리 교회의 것이 될 수 있을까?

그게 가능할까?"

1. 네 가지 생각들

어떤 제안들도 쉬워 보이진 않지만, 활기차고 경건한 교회들에게서 얻는 교훈은 있다. 이 교회들에게 이러한 변화들이 어떻게 가능했는지를 보면서, 예배 개혁을 위한 네 가지 생각들을 정리해 보자.

1) 목회 리더십이 예배 갱신의 핵심이다

예배 갱신의 주된 책임은 그 교회 목회자에게 달려있다. 예배 개혁의 자극과 지혜가 전 교회적으로 일어난다고 하는 게 더 깔끔하고, 명확하며, 신학적으로도 산뜻하다고 여겨지지만, 실제로는 목회자가 움직이지 않으면 예배는 움직이지 않는다. 새로운 것에 대한 갈망이나 예배 안에서 더 충족받고 싶어하는 열망들이 회중들로부터 시작된다고 해도, 변화의 추진력과 방법과 방향성을 제시하는 것은 목회자의 몫이다.

실제로 모든 활기찬 교회들에서 예배의 갱신은 목사가 예배에 대한 비전을 가지고 그것을 현실화시킬 수 있도록 과감하게 결단내릴 때 일어난다. 때로 허락이 아니라 양해를 구하는 독자적인 행동이 이러한 변화를 일으키기도 하고, 때로는 정식적인 절차를 거쳐 합의를 통해 나타나기도 한다. 하지만 모든 경우에 있어서 목사는 설득과 외교의 기술로 회중을 동참시키도록 개인의 능력을 발휘하여 주도적인 역할을 감당한다.

2) 예배에 변화가 생길 때, 갈등은 피할 수 없다

예배에 변화를 준다는 것은 위험한 영토에 들어간다는 뜻이다. 변화는 불안정하고 논쟁적인데, 많은 부분이 목사에게 달려있다. 때문에 목사가 지혜롭지 못하면 심각한 공동체적 갈등을 일으키거나, 회중을 혼란스럽게 만들어 예배와 사명이라는 교회의 삶에 심각한 손상을 입힐 수 있다.

강력한 리더십과 강한 힘을 가진 리더십은 종이 한 장 차이이다. 회중과 건강한 관계에 있으면서 열정과 더불어 예배에 대한 풍성한 신학적 이해를 가진 사려 깊은 목사는 회중이 아직 이해하지는 못하지만 갈 준비가 되어 있는 새롭고 활기찬 예배의 장으로 그들을 인도한다. 그것은 오만함으로 가득한 목사가 "다른 목회자들보다는 내가 낫지"하는 자세로 몸에 좋다면서 파마자 기름을 강제로 먹게 하는 것과는 다른 것이다.

저스티스 올리버 웬들 홈스(Justice Oliver Wendell Holmes[1841-1935]: 미국의 법학자이자 대법원관 – 역주)는 "강아지도 발에 걸려 넘어지는 것과 발에 채이는 것의 차이는 안다"라고 하였다. 마찬가지이다. 회중은 언제 예배를 개선하기 위해 도전을 받고 있는지, 언제 적대적인 목사에 의해 항복을 강요당하고 있는지를 안다.

그렇다 하더라도, 가장 부드럽고 지혜로운 목사에 의해 시행된 가장 건강한 예배 개혁도 언제나 일련의 갈등을 수반한다. 불평이 있게 마련이고, 예배에 빠지는 사람과 심지어 교회를 떠나는 사람들도 있을 것이다. 그런 일이 없기를 바래야지, 준비하고 있어서는 안 된다. 그것은 예배 개혁의 능력과 위협에 대해 너무나도 순진하게 생각하는 것이다.

3) 예배 변화에 있어 성도들의 참여는 필수이다

예배 변화의 주도권이 일차적으로 목회자들에게 있다 하더라도 교역자들이 예배 개혁의 모든 짐을 지고 갈 수는 없다. 초기 단계부터 핵심 성도들이 동참해야 한다. 목사는 비전을 분명하고 명확하게 설명해 주어야 하지만, 지혜로운 목사라면 성도들의 이야기를 듣고자 하며 또한 경청할 것이다.

만약 예배와 관련된 위원회가 아직 없다면 새로 조직하여, 그 위원회로 하여금 예배 변화에 대한 교육과 기획, 회중들의 반응을 조사하도록 한다. 만약 이미 있는 예배위원회가 유명무실하다면 개편을 거쳐 활성화시킨다. 어떤 이들은 귀찮아 하겠지만, 효과적인 예배보다 교회의 건강과 신앙을 위해 다급한 건 없다.

앞에서도 보았듯이, 진정한 예배 개혁은 성도들의 참여를 증가시킨다. 목회 리더십은 예배자들에게서 신선한 물을 공급받아 예배라는 밭에 대 주는 것이다. 목사들은 교회 요람을 펴고 성도들의 이름 하나 하나를 보면서 "이 성도는 예배를 위한 어떤 기술, 재능, 은사를 가지고 있지? 그것이 어떻게 효과적으로 사용될 수 있지?"하는 질문을 해야 한다. 확인이 되었으면, 예배에서 그들의 은사가 활용되도록 인도해 주어야 한다.

4) 교육과 홍보가 예배 갱신의 길을 열어준다

예배를 갱신해야 할 때가 되었다면, 예배에 대한 그리고 변화의 목적과 의미에 대한 교육이 열려야 한다. 교회 간행물이 있다면 글을 싣고, 교회학교에 커리큘럼을 만들고, 정보를 공유하고 대화의 장을 마련해야 하며, 책을 정해 읽기도 하고, 예배 중에 가르치기도 해야 한다. 설교, 편지, 이메일, 브로셔 등도 활용될 수 있다.

이런 교육적 노력은 어른과 아이 모두를 포함시켜야 한다. 예배를 정기적으로 참여하는 신실한 "중심 멤버"들과 가끔씩 예배에 오는 이들, 그리고 스스로를 교회 끝자락에 서 있다고 생각하는 사람들 모두를 대상으로 해야 한다. 그들 중 일부는 이러한 기회에서부터 유익을 얻을 것이고 예배신학과 성격에 대해 배우게 될 것이다. 다른 이들은 이러한 노력들을 단순하게 홍보와 정보 공유로 여길 것이다.

각자가 얼마나 관여하느냐에 상관없이 모든 이들이 예배는 중요한 문제이며 지금 변화가 일어나고 있다는 신호를 감지하게 될 것이다. 또한 사람들은 변화에 대해 평소에도 이야기할 것이고, 예배 현장이 활력과 생동감으로 뜨거워질 때 당황하지 않을 것이다.

"그는 예배 순서를 바꾸려고 애썼었다"라는 묘비는 차라리 괜찮은 것이었다. 더 슬픈 묘비명은 "그은 무엇이 생기 넘치고 효과적인 예배인지에 대한 비전을 보았으나 아무 것도 하지 않았다"이다.

여러분의 교회가 더 신실하게 예배하고 "경이와 사랑, 그리고 찬양에 빠지는" 교회가 될 수 있도록 하나님의 풍성하신 축복이 함께 하시기를 바란다.

참고 도서 (Selected Bibliography)

Authentic Worship in a Changing Culture. Grand Rapids: CRC Publications, 1997. CRC 교단의 교재로 만들어진 예배 변화의 경향에 대한 이 소책자는 예배가 어떻게 복음에 진실하며 동시에 변화에 개방적일 수 있는지에 대한 신선하고 건강한 식견을 가지고 있다. "볼트와 너트"라는 주제의 마지막 부분에서 광고, 짧은 드라마, 비통한 노래 등을 다룬 것은 특히 많은 도움이 될 것이다.

Baptism, Eucharist, and Ministry: Faith and Order Paper No. 111. Geneva, Switzerland: World Council of Churches, 1982. 세계교회협의회에서 나온 중요한 문서로서 세례, 성찬, 그리고 사역의 형태와 조항에 대한 에큐메니칼 교회의 변화를 소개한다.

Callahan, Kennon L. *Dynamic Worship: Mission, Grace, Praise, and Power*. San Francisco: Jossey-Bass, 1994. 『효과적인 교회의 열 두 가지 특징』(*Twelve Keys to an Effective Church*)의 저자이기도 한 캘러핸은 이 책에서 예배에 대한 아주 실제적인 그의 관심을 보여 준다. 그는 새신자들에게 예배를 매력적으로 만들기 위해 환대성과 역동성의 조합을 강조한다.

Caroll, Jackson. *Mainline to the Future: Congregations for the 21st Century*. Louisville: Westminster John Knox, 2000. 예배에 대한 짤막한 견해와 더불어 오래된 "주요 교단" 교회들이 당하고 있는 곤경과 교회 갱신의 비전을 확고하고 사려 깊은 문체로 써 내려 간다.

Dawn, Marva J. *Reaching Out Without Dumbing Down: A Theology of Worship for the Turn-of-the-Century Culture*. Grand Rapids: Eerdmans,

1995, 그리고 *A Royal "Waste" of Time: The Splendor of Worshiping God and Being Church for the World*. Grand Rapids: Eerdmans, 1999(마르바 던, 『고귀한 시간 "낭비": 예배』, 김병국/전의우역 [서울: 이레서원, 2004]). 첫 번째 책은 예배 갱신에 대한 예배신학의 본질을 강하고 섬세하게 쓴 작품이고, 두 번째 책은 같은 주제에 대한 에세이와 설교 모음집이다.

Day, Thomas. *Why Catholics Can't Sing: The Culture of Catholicism and the Triumph of Bad Taste*. New York: Crossroad, 1990. 로마가톨릭과 다른 교단들의 교회음악이 가지는 어려움에 대한 유쾌한 비평서이다.

Hamilton, Michael S. "The Triumph of the Praise Songs: How Guitars Beat Out the Organ in the Worship Wars," *Christian Today*, vol. 43, no. 8, July 12, 1999, 28ff. 노틀담대학교 역사학 교수가 예배음악에 대한 예리하고 개방적인 논쟁거리를 제공한다.

Hovda, Robert W. *Strong, Loving, and Wise: Presiding in Liturgy*. Washington: Liturgical Conference, 1976. 이 책은 원래 로마가톨릭 사제들을 위해 저술되었으나 에큐메니컬 관점에서 다른 교단들에게도 적용 가능하다. 예배 인도의 직무에 대해서 다루는데 저자는 예배 사회자들이 어떻게 예배 안에서 복음을 구체화시킬 수 있을지를 실제적 관점에서 제안한다.

Keifert, Patrick R. *Welcoming the Stranger: A Public Theology of Worship and Evangelism*. Minneapolis: Fortress, 1992. 많은 교회에서 심리학적인 친밀함과 우정의 개념이 이방인에 대한 성경적인 환대의 개념을 대체하였다고 지적하면서 저자는 그리스도의 이름으로 이방인들을 환영해 주는 성경적인 견해의 복귀를 꾀한다.

Miller, Donald. *Reinventing American Protestantism: Christianity in the New Millennium*. Berkeley: University of California Press, 1997(도날드 E. 밀러, 『왜 그들의 교회는 성장하는가?』, 이원규 역 [서울: kmc, 2008]). 북미 교회들의 삶의 변화를 말할 때 자주 인용되는 논쟁을 통하여 저자인 밀러는 구조와 예배와 전도 방식에서 전통적 형태를 벗어버린 "새로운 패러다임"의 교회들에 주목한다.

Morgenthaler, Sally. *Worship Evangelism: Inviting Unbelievers into the Presence of God*. Grand Rapids: Zondervan, 1999(샐리 모갠쌀러, 『이것이 예배다』, 임하나 역 [서울: 비전북출판사, 2006]). 복음주의 신학의 관점에서 저술된 책으로, 모갠쌀러는 "구도자 중심" 예배 방식에 대해 호평을 내리면서도 결국에 가서는 비판을 가한다. 그녀는 "무엇이 통하는가"의 관점대신 보다 신학적 기반을 둔 예배 개혁을 장려한다.

Pohl, Christine D. *Making Room: Recovering Hospitality as a Christian Tradition*. Grand Rapids: Eerdmans, 1999(크리스틴 폴, 『손대접』, 정옥배 역 [서울: 복있는 사람]). 예배에서의 환대를 포함해 그리스도인들의 환대에 대한 뛰어난 책이다. 저자는 역사적, 신학적, 그리고 실천적인 점에서 이를 다룬다.

Putnam, Robert. *Bowling Alone: The Collapse and Revival of American Community*. New York: Simon & Schuster, 2000(로버트 D. 퍼트넘, 『나홀로 볼링』, 정승현 역 [서울: 페이퍼로드, 2009]). 최근 10년간 가장 많이 회자된 책 중 하나이다. 저자 퍼트넘은 사회 자본과 교회를 포함한 사회조직 연결체의 퇴보 현상을 강조하고, 확신과 화합의 길을 제안한다.

Sample, Tex. *The Spectacle of Worship in a Wired World: Electronic Culture and the Gathered People of God*. Nashville: Abingdon, 1998. 이 "요상

한" 사이버 시대에 예배가 어떻게 변해야 하는 가에 대한 도발적이고 재치 있는 진술이다.

Senn, Frank C. *New Creation: A Liturgical Worldview*. Minneapolis: Fortress, 2000. 뛰어난 루터교 예전학자가 예배가 직면한 현대적 문제들을 미묘하고도 신학적으로 복잡한 처방을 내린다. 그는 전통적인 면을 확고하게 강조한다.

Trueheart, Charles, "Welcoming to the Next Church," *The Atlantic Monthly*, vol. 278, no. 2, Aug. 1996. 윌로우크릭 스타일의 교회의 방식과 목적에 대한 매력적인 기자적 분석이다. 새로운 패러다임의 교회 목사들과 리더들의 말을 많이 인용한다.

Webber, Robert E. *Blended Worship: Achieving Substance and Relevance in Worship*. Peabody, Mass.: Hendrickson, 1996(로버트 E. 웨버, 『예배가 보인다 감동을 누린다』, 김세광 역 [서울: 예영커뮤니케이션, 2004]). 그리고 *Planning Blended Worship: The Creative Mixture of Old and New*. Nashville: Abingdon, 1998. 전통과 현대적 예배 형태의 통합을 위한 창조적인 제안이다. 예배 구조에 있어서는 전통을, 언어와 음악에 있어서는 현대적 개념에 기댄다.

White, James F., *Christian Worship in North America: A Retrospective*: 1955-1995. Collegeville, Minn.: Liturgical Press, 1997. 뛰어난 예전학자가 그린 북미 예배의 최근 발전 동향에 대한 선명하고 간결하여 읽기 편한 책이다.

White, James F. & Susan J. White. *Church Architecture: Building and Renovating for Christian Worship*. Nashville: Abingdon, 1988(제임스 화이트 & 수잔 화이트, 『교회건축과 예배 공간』, 정시춘/안덕원 역 [서울: 새물결플러스, 2014]).

비전문가들을 위한 최고의 교회 건축 관련 서적이다.

Willimon, William. *Word, Water, and Bread: How Worship Has Changed Over the Years*. Valley Forge: Judson, 1980. 기독교 예배의 역사를 훑고 지나가는 간략하고 읽기 쉬운 책이다.

Wren, Brian. *Praying Twice: The Music and Words of Congregational Song*. Louisville: Westminster John Knox, 2000. 유명한 찬송가 작곡자가 말하는 회중찬양과 찬송가에 대한 포괄적인 저술이다.

Wright, Timothy. *A Community of Joy: How to Create Contemporary Worship*, Herb Miller, ed. Nashville: Abingdon, 1994. "방문자 중심" 교회에 대한 창의적이고 실제적인 제안들이다.

깊은 예배: 활기차면서도 경건한 예배만들기

Beyond the Worship Wars: Building Vital Faithful Worship

2018년 1월 10일 초판 발행
2021년 9월 15일 초판 2쇄 발행

지 은 이 | 토마스 롱(Tomas G. Long)
옮 긴 이 | 임대웅

편   집 | 변길용, 권대영
디 자 인 | 김스안
펴 낸 곳 | 사)기독교문서선교회
등   록 | 제16-25호(1980. 1. 18)
주   소 | 서울시 서초구 방배로 68
전   화 | 02) 586-8761~3(본사) 031) 942-8761(영업부)
팩   스 | 02) 523-0131(본사) 031) 942-8763(영업부)
홈페이지 | www.clcbook.com
이 메 일 | clckor@gmail.com
온 라 인 | 기업은행 073-000308-04-020, 국민은행 043-01-0379-646
         예금주: 사)기독교문서선교회

ISBN 978-89-341-1754-4 (94230)
ISBN 978-89-341-1753-7 (세트)